LA GUÍA DEL
CORAZÓN
EMPODERADO

BY KATIE GRAY

979-8-218-50257-7

Diagrama de Corazón Empoderado de Erica Ekrem: *www.loombound.com*

Creado en colaboración con The Book Shelf Ltd, Reino Unido.

Diseño de portada por: Niall Burgess y Katie Gray

Diseño de maquetación: Kyle Albuquerque

Fotografía de la autora por: Paul Rodriguez

Todas las ilustraciones originales (El Corazón Empoderado) por Masha Pimas

Todas las demás ilustraciones del libro con licencia a través de Creative Market.

Impreso en EE.UU.

Traducción a español por Paúl Rodríguez y Ernesto Prieto.

Esta obra está dedicada a los muchos millones de plantas, insectos y animales terrestres que se beneficiarán enormemente de la resolución colectiva del sufrimiento humano y del despertar de la conciencia en este planeta. Que cada uno de nosotros sane su corazón herido y despierte plenamente al poder y al propósito de ayudar a la necesaria sanación del mundo que nos rodea.

En 2021 se publicó el libro "Viaje del Corazón Empoderado". Con 418 páginas, era (y es) una travesía en profundidad y una introducción a la metodología del Corazón Empoderado. Siendo a la vez el despertar inaugural de mi condición de autora y la entrada por primera vez en el mundo del Corazón Empoderado, me pareció importante explicar por qué y cómo surgió la obra.

A través de innumerables historias y experiencias personales compartidas, me propuse dar la bienvenida al lector de cerca, manteniéndolo seguro dentro de la presencia de mi vulnerabilidad, afecto y cuidado. A través de la continua reafirmación de "yo también he pasado por eso" y de "no estás solo", mi intención era llevar al lector hacia dentro, tan profundamente como fuera posible. Desenterrar e identificar todos y cada uno de los susurros silenciosos de dolor que pudieran estar ocultos bajo capas de evasión y ayudar a facilitar la liberación de ese querido lector, del mismo modo que yo me había liberado con éxito.

Ahora, tienes en tus manos una versión muy similar pero diferente de ese libro.

La Guía del Corazón Empoderado es el jugo y la esencia de la obra. Es la versión simplificada y abreviada del libro original, sin la gran cantidad de historias y testimonios personales. Ofrece un pasaje más claro y directo para comprender este enfoque metodológico, y aunque a veces pueda parecer carente. De intimidad o historias personales, se supone que debe ser así. Está pensado para encarnar la amplitud, de modo que puedas aplicar tus propias experiencias vitales personales -o las de tus familiares o clientes - en lugar de las mías.

Si en algún momento deseas más información o detalles sobre cómo surgió este método expansivo para comprender y resolver el trauma, el *Viaje del Corazón Empoderado* está ahí para cuando lo necesites. Por ahora, te doy la bienvenida a *La Guía del Corazón Empoderado*. Que la información, las perspectivas y los puntos de vista que se ofrecen en estas páginas te ayuden a comprender por qué sufrimos los seres humanos y cómo podemos curarnos de ello de forma activa y satisfactoria.

Gracias,
Katie Gray

CONTENIDO

REFERENCIAS: https://theempoweredheart.love/references

PRÓLOGO

Cada vez hay más agitación en nuestro planeta. Ya se trate de una encendida retórica política o de bosques en llamas, el creciente caos crea inquietud, una ansiedad acechante que perturba la mente. Nuestros corazones tiemblan. El estrés se acumula. El miedo y la preocupación resuenan desde nuestras propias heridas: las lesiones, los golpes y la angustia que hemos soportado.

Soy una lectora en el campo de la sanación y el trauma, una aprendiz, no una líder. Mi vida está dedicada a la justicia social y a la restauración del medio ambiente, como activista y como periodista. He observado lo impensable en el comportamiento humano. Como periodista, catalogo cómo nos estamos fallando unos a otros y a este extraordinario planeta que llamamos hogar. Mis escritos intentan describir los caminos hacia la sanación. Sin embargo, esta información ha tenido un efecto acumulativo. Ignoraba cómo las noticias sobre la desintegración de nuestro entorno social y ecológico pesaban sobre mi ser, mi mente y mis relaciones. El lento goteo del desorden mundial encontró un hogar en mi malestar, en los recuerdos ocultos de heridas, dolor y pérdidas del pasado que había dejado de lado.

La diferencia entre el mundo que estaba presenciando y mi corazón enredado y defendido era indistinguible. Esto tiene sentido, porque los seres humanos encontramos ingeniosas formas de ocultar, controlar y relegar las experiencias dolorosas de nuestra infancia y vida posterior. A causa de vías emocionales y químicas, la protección se convierte en rasgos y comportamientos que no nos sirven a nosotros, ni a nuestras familias, ni a nuestros amigos... ni a nuestro mundo. Hay otro camino. Después de haber leído cientos, si no miles, de libros, este ha sido y sigue siendo el texto que más me ha cambiado la vida. Gracias al trabajo de Katie, pude separar lo que había experimentado en el mundo exterior de mi mundo interior, que tenía un corazón blindado. La lista de heridas del capítulo 2 fue crucial para este proceso. Me di cuenta de que había dejado de lado muchos momentos de desesperación, dolor y angustia como si fueran cosa del pasado. Pero en lugar de ser un buen deshecho, las penas no superadas permanecían y ocultaban mi corazón, mi verdadero hogar, a la espera de que el niño que se había apresurado a escapar de una infancia tortuosa despertara y atesorara su derecho de nacimiento.

En el contexto de la injusticia climática y social, no puedo contar las veces que he dicho que los hechos no cambian la mentalidad de la gente; solo lo hacen las historias. *El Corazón Empoderado* es la historia de la historia. Es tu historia, mi historia, la historia de todos, el desbloqueo de la exquisita narrativa con la que llegamos y que está acurrucada en nuestro interior, esperando nuestro despertar. El trabajo de Katie, destilado y transmitido aquí, es la expresión de amor más auténtica que he encontrado. Ofrece un camino hacia la sanación que es innata. Por favor, léelo con atención y en su totalidad. Transmuta. Es extraordinario en formas que no puedo describir porque serán específicas de tu pasado, espíritu y corazón. Cuando nos encontramos a nosotros mismos, podemos vernos los unos a los otros.

Paul Hawken
Ecologista y autor

INTRODUCCIÓN

Imagínate dando un largo paseo. Estás tranquilo, presente y disfrutando de la belleza que te rodea. Entonces, una piedrecita se te mete en el zapato. Al principio, te molesta, pero te dices a ti mismo: "*Puedo arreglármelas, es solo una piedrecita*". Así que continúas.

Sin embargo, la piedrecita se desplaza por debajo de tu talón y te duele. Pensaste que tal vez la piedrecita se rompería por sí sola y se convertiría en polvo. Pero no es así. Sigue ahí dentro de tu zapato, perforando tu carne al azar.

Tengo que parar y sacarla, piensas, *esto duele*. Pero no lo haces. En lugar de eso, sigues caminando y elaboras una estrategia para inclinar el peso de tu cuerpo hacia el exterior del pie para evitar pisarla. Parece que funciona. La piedrecita que te duele está cerca del arco del pie y, si caminas con la presión en la parte exterior del pie, no la pisas. ¡Perfecto! ¡Has encontrado una solución! ¡Una forma de evitar sentir el dolor! Sin embargo, ahora te duele la rodilla por caminar de forma desincronizada a la postura natural de tu cuerpo. Esto tuerce la pierna, lo que altera los músculos de la cadera y la zona lumbar, que ahora están muy doloridos. Donde antes estabas presente y disfrutabas del paseo, ahora tienes la cara contraída y los ojos mirando al suelo.

Este paseo es ridículo. ¿Por qué alguien vendría aquí? Es aburrido y no hay nada que ver. ¿Cuándo acabará? piensas para tus adentros. En lugar de sentirte en paz y agradecido, ahora estás descontento, sin inspiración y dolorido. Estás sufriendo. Tanto si te identificas con esta historia como si no, lo más probable es que sepas lo que es sufrir. Pero más que una piedra en el zapato, te has traumatizado de otras maneras. A través del abuso, el divorcio, el abandono, la intimidación, el juicio, las rupturas, la enfermedad, la muerte y las muchas otras formas en que los seres humanos experimentamos el sufrimiento, has pasado por un trauma, y sabes lo que es sentirse incómodo como resultado.

Tristemente, probablemente también sepas lo que es no querer pensar en esas cosas. Evitarlas e intentar seguir adelante sin que te frene la vergüenza, la tristeza, el miedo y el malestar que naturalmente las acompañan.

Por desgracia, cuando evitas el dolor, como la piedra, no desaparece. Simplemente se queda ahí, clavándose en tu ser, creando más problemas y más dolor, y acabas sufriendo por ello.

En algún momento, tienes que dejar de evitar de dónde viene realmente el dolor y tomarte el tiempo de mirarlo para poder entenderlo y curarte de él. Tienes que sentarte, desatarte los cordones, quitarte el zapato, encontrar la piedra y sacudirla.

¿Por qué? Porque te está haciendo daño y no mereces sufrir. Ya has sufrido bastante. Has pasado suficiente tiempo de tu vida cargando la pesada mochila de la vergüenza, cojeando en la duda de ti mismo, evitando el dolor en tu corazón, y fingiendo ante el mundo que estás disfrutando del paseo y que todo está bien.

No está bien. No está bien sufrir y no está bien renunciar a más de tus preciosos y valiosos momentos de la vida, perdiéndote la hermosa vista a lo largo del camino porque tienes demasiado dolor para disfrutarlo y tienes demasiado miedo de mirar de dónde viene realmente el dolor.

Es hora de sentarse y lidiar con la incomodidad, porque has terminado de luchar y estás listo para comenzar a disfrutar el viaje de la vida. ¡Mereces ser sanado del sufrimiento y empoderado en tu corazón!

EL CORAZÓN EMPODERADO

EL OBJETIVO DE NUESTRO TRABAJO JUNTOS es devolverte a tu verdadero yo: honesto, amable, cariñoso, confiado, compasivo y cómodo con lo que eres. Esencialmente, que te sientas seguro y cómodo en este momento presente y disfrutes de la vida.

Pero para llegar ahí, tenemos trabajo que hacer: el trabajo de El Corazón Empoderado, que es una metodología y también un mapa. El ciclo del corazón fortalecido no solo ofrece soluciones para sanar, sino que también ofrece una percatación profunda de por qué estamos sufriendo, qué ocurrió para que acabáramos en un estado de sufrimiento.

Esta comprensión holística del ciclo nos ayuda a dar sentido a nuestras luchas, a sentirnos con más recursos para navegar por nuestro dolor y a ser productivos a la hora de procesar cualquier herida futura que pueda surgir en la vida.

EL MAPA DEL
CORAZÓN EMPODERADO
–Un camino a través del sufrimiento y de vuelta al corazón–

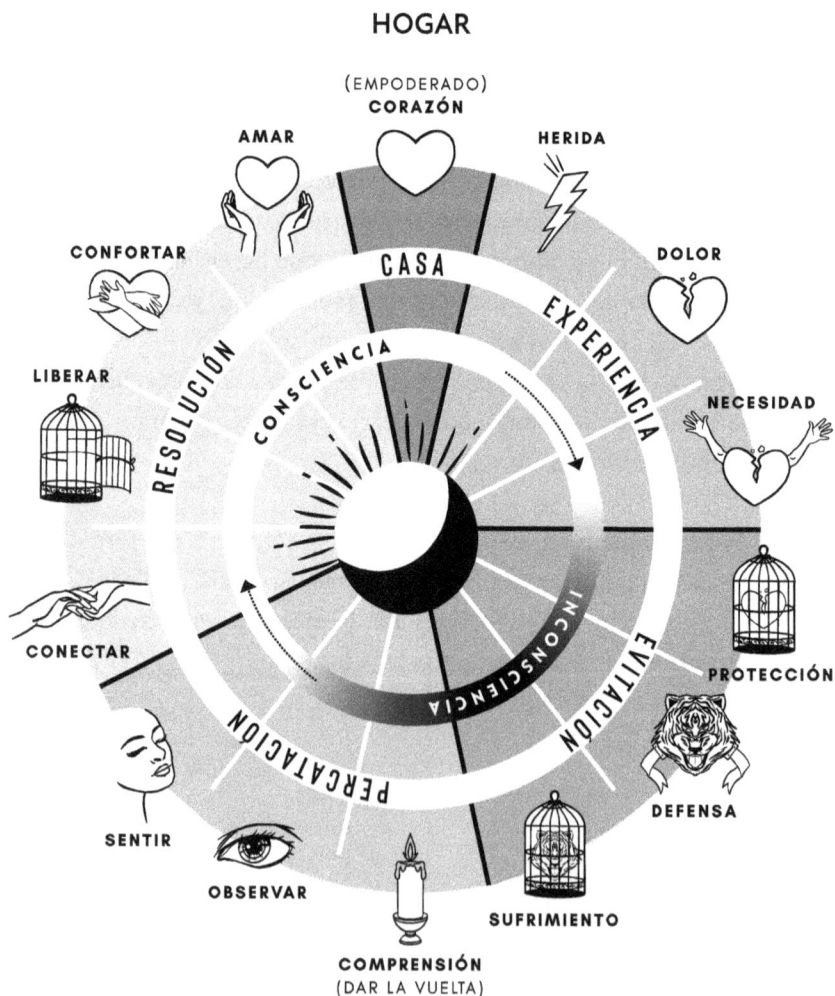

HOGAR

(EMPODERADO)
CORAZÓN

AMAR   HERIDA

CONFORTAR   **CASA**   DOLOR

EXPERIENCIA

LIBERAR   **RESOLUCIÓN**   **CONSCIENCIA**   NECESIDAD

INCONSCIENCIA

CONECTAR   **EVITACIÓN**   PROTECCIÓN

PERCATACIÓN   DEFENSA

SENTIR   **OBSERVAR**   SUFRIMIENTO

COMPRENSIÓN
(DAR LA VUELTA)

Comenzaremos nuestro viaje reflexionando sobre la naturaleza inocente y pura de nuestro verdadero yo (Corazón). Al igual que un recién nacido curioso y con los ojos muy abiertos, nos referiremos a esta esencia inicial y sagrada del ser como el *Hogar*, y es aquí a donde volveremos cuando nuestros corazones heridos hayan sanado.

A continuación, exploraremos las *Etapas del Sufrimiento* y analizaremos lo que les ocurrió a nuestros corazones a partir de la fase inicial del trauma, *la Experiencia*. Aquí, reflexionaremos sobre las experiencias dolorosas y traumáticas de la vida (Herida) y el miedo, la incomodidad y la ansiedad que surgieron como resultado (Dolor y Necesidad).

A continuación, pasaremos a *la Evitación* y analizaremos qué ocurre cuando no satisfacemos nuestras necesidades (Protección) y cómo nos hemos adaptado para evitar que se produzcan heridas y dolor en el futuro (Defensa). Esta fase simboliza la inconsciencia e incluye respuestas como la desensibilización, la disociación, la distracción, la agresión y el comportamiento destructivo. Es en este estado de evitación donde a menudo nos sentimos perdidos y divididos, más alejados de nuestro verdadero yo (Sufrimiento).

Afortunadamente, el sufrimiento no es nuestro hogar (recuerda, el Corazón lo es) y nuestro viaje nos llevará a través y fuera del sufrimiento hacia el *Camino del Empoderamiento*.

Aquí, nos tomaremos un momento para hacer una pausa y darnos la vuelta (Realización). Decidiremos si nos está sirviendo estar tan desconectados de nuestro corazón. En esta fase de Toma *de Conciencia*, evaluaremos las experiencias por las que hemos pasado, tomando gradualmente la poderosa decisión de volver a casa. Este es un momento de honestidad, atención a la verdad y responsabilidad. Requiere una confrontación consciente con la evitación y la reconexión con la herida y el dolor originales. Es un momento en el que empezamos a salir de la inconsciencia y a entrar en la consciencia. A través de este nuevo ámbito de conciencia, miraremos la verdad de lo que está ocurriendo ahora y de lo que ocurrió en el pasado (Observar), luego resensibilizar y acceder a los sentimientos y sensaciones más profundos de los que nos hayamos podido separar (Sentir). Por último, cuando hayamos sido testigos de la verdad de lo que hemos vivido y seamos conscientes de los sentimientos de incomodidad en nuestro interior, estaremos listos para *la Resolución*. En lugar de evitarnos continuamente a nosotros mismos, aprenderemos a satisfacer nuestras necesidades, empezando por la conexión (Conectar), para luego dejar ir todo lo que llevamos dentro (Soltar). También aprenderemos sobre el arte de recibir y sentirnos más cómodos con lo que somos (Confort), y aclararemos qué se siente al honrarnos de verdad a nosotros mismos y a los demás (Amor).

Después de hacer el arduo, honesto y sincero viaje de ida y vuelta a los reinos de la inconsciencia, finalmente volvemos a casa, a nuestro verdadero yo. Aquí, volveremos a despertar el poder de nuestros corazones y daremos un paso hacia nuevos niveles de confianza, compasión y resiliencia (Empoderados).

Y, con un corazón empoderado, veremos que nuestras experiencias vitales desafiantes no nos han convertido en seres rotos y débiles, sino que nos han dado el potencial para liberarnos y empoderarnos para vivir el propósito de nuestra vida.

Parte I:
HOGAR

El espacio sagrado de presencia y conciencia desde donde comenzamos la experiencia de la vida humana. Simboliza el amor, la compasión y la confianza. Lo llamamos "hogar", ya que es el lugar al que volvemos cuando nuestros corazones están curados.

1.
CORAZÓN

La parte central e íntima de algo; la esencia vital.

LA ESFERA SAGRADA DEL SER

Esencialmente, la esfera sagrada del ser es el corazón de lo que somos por dentro. Aunque la palabra "corazón" también significa el órgano que late en tu pecho, que trabaja duro y da vida, nos referiremos a tu corazón para describir tu espíritu. Es el tierno orbe de la conciencia en el centro de tu ser, que tiene una experiencia de vida humana muy singular y a veces muy desafiante.

He aquí algunos ejemplos de cómo es tu verdadero CORAZÓN:

- Honesto
- Presente
- Cariñoso
- Consciente
- Inocente
- Confiado
- Vulnerable
- Empático
- Curioso/a
- Sin miedo
- Entusiasta
- Íntegro

Aunque te sientas bastante separado de este profundo y radiante espíritu de verdad que hay en ti, sigue siendo el corazón de lo que eres -infinita e incondicionalmente- sin excepciones. Es el núcleo y la base de tu ser. Independientemente de lo enfadado, atribulado, adicto, equivocado o desordenado que te sientas y te veas a veces, el hecho siempre será que el corazón de quién eres es un espíritu inocente que tiene la experiencia temporal de ser humano.

Nuestra misión sincera y devota es llevarte de vuelta al hogar, aquí, a este lugar de tu verdadero yo. El ser intrépido, confiado, honesto, presente, puro y consciente que eres de verdad.

EL VERDADERO YO

Lamentablemente, parece que en algún momento los seres humanos hemos olvidado quiénes somos. Como un gigantesco caso colectivo de amnesia, hemos perdido la comprensión y el recuerdo de nuestro verdadero yo.

Tal vez debido a miles de años de dolor cíclico y reciclado transmitido de generación en generación, hemos adquirido el concepto de que para estar presentes, conscientes y libres de nuestro sufrimiento, tenemos que convertirnos en algo diferente, algo mejor.

Así que lo intentamos. Frenéticamente hacemos esto, aprendemos eso, compramos lo otro, arreglamos una cosa, y continuamente intentamos cambiarnos a nosotros mismos para que de alguna manera podamos sentirnos más cerca de una sensación de paz, plenitud y valía. Pero no es necesario. No necesitamos estirar nuestros brazos, extendiéndolos hacia afuera con la esperanza de alterarnos a nosotros mismos en un estado de plenitud. ¿Por qué? Porque ya estamos completos.

La joya de oro de lo que buscamos - la sanación a través del amor, la presencia, la paz y la conciencia - está y ha estado siempre aquí, accesible dentro de nosotros. Es literalmente de lo que estamos hechos. Es nuestra esencia. Como la roca fundida que llena las profundidades de la Tierra, el corazón mismo de nuestros seres es luz. Es el embrión de la fuerza vital y del amor, que existe en el núcleo de nuestros seres: la conciencia.

La conciencia es la percatación infinita y la vitalidad de la existencia. Es la materia luminosa del universo, lo que da pulso a la existencia. Es lo que estimula a nuestros ojos a abrirse y a nuestras mentes a tener entendimiento. Aunque te veas a ti mismo como un individuo separado con un cuerpo, un nombre, un trabajo y una edad, también eres algo infinitamente más grande y expansivo.

Eres el espíritu sin forma e incontenible de vida y totalidad que existe dentro de tu encarnación física.

Accedemos a la conciencia a través de la presencia. Permitiéndonos reencontrarnos con la esencia natural y abierta de nuestro verdadero yo. Lo recordemos o no, estar presente es una experiencia sagrada que todos conocemos. Como un lenguaje impreso y comunicado a través de nuestros corazones, es algo muy familiar para cada uno de nosotros.

ANTES DEL DOLOR

QUIZÁ LA MEJOR MANERA DE ENTENDER ESTE espíritu original y verdadero sea preguntarse:

> *¿Quién eras antes de sufrir?*
> *¿Cómo eras antes de aprender a tener miedo y a protegerte?*

Cuando llegaste al mundo, encarnabas la concentración más elevada de tu verdadera naturaleza. Sí, tu cuerpo ha crecido bastante desde entonces, pero eres la misma esencia del ser que eras cuando naciste: un milagro de vida consciente, inocente y tierno.

¿Es un reto pensar en ti mismo bajo una luz tan majestuosa? ¿Quizá ya no eres intrépido y abierto con tus lágrimas? ¿Quizá te cuesta hablar cuando necesitas algo? ¿Quizá ya no te consideras especial, vulnerable o inocente?

Bueno, lo interesante de ser humano es que, aunque actúes y pienses de forma diferente a como lo hacías antes, sigues siendo el mismo ser cariñoso, atento y sensible que cuando empezaste. Eres igual de inocente y vulnerable, igual de necesitado y merecedor de apoyo y conexión.

Lo que ha cambiado a lo largo de los años no es quién eres, sino las experiencias que has vivido. Por desgracia, muchas de esas experiencias fueron probablemente muy dolorosas y desafiantes y, al identificarte con ellas, formaron capas y capas sobre lo que realmente eres. Ser humano puede ser una experiencia muy dolorosa, así que desarrollaste la capacidad de soportar retos intensos y dolorosos mientras hacías todo lo posible por preservar la naturaleza amable y pura de tu corazón.

¿Tienes algún recuerdo de ser un pequeño niño
y sentirte presente, decidido y sin miedo?

HOGAR EN EL CORAZÓN

Puedes pasar toda la vida buscando esa amada sensación de conexión, presencia y plenitud que tan bien conoces en tu corazón, pero no la encontrarás ahí fuera. No está escondida en una estantería ni en el fondo de la nevera. No está descansando en una promoción laboral ni apilada en tu extracto bancario. Está aquí, dentro de ti. Está tapada y escondida bajo las capas de dolor, miedo, historias y protección que de alguna manera se mezclaron con tu forma de entender el yo.

Lo que esto significa es que no tienes que seguir juzgando, buscando y luchando por ser mejor de lo que eres. No necesitas buscar para "encontrarte" a ti mismo. Solo tienes que dejar ir la resistencia tóxica, infundida por el miedo, que te impide ser tu verdadero yo. Tienes que darte permiso para recordar quién eres y quién has sido siempre en tu interior.

Nuestro viaje nos llevará a muchos lugares y a través de muchas experiencias juntos, y será un honor para mí traerte de vuelta aquí, a este lugar sagrado de vida y desconcierto dentro de ti.

Sorprendentemente, tú eres tu propio destino.

Parte II:
EXPERIENCIA

Aquí es donde pasamos de sentirnos a gusto y cómodos a sentirnos muy incómodos. También puede denominarse fase de trauma activo. Incluye el shock inicial del impacto, así como la incomodidad y el nerviosismo que se experimentan después.

2.

HERIDA

Lesión causada por un impacto.

Todos y cada uno de nosotros sabemos cómo se siente el impacto de las heridas traumáticas, los relámpagos que golpean la paz de nuestras mentes y corazones. Estos dolorosos destellos y explosiones son algo que todos tenemos en común. Pero es fácil subestimar o malinterpretar lo que se clasifica como trauma, y el término "trauma" viene con tantas nociones preconcebidas que la gente a menudo pasa por alto la verdadera raíz de su dolor, sintiendo que no está justificado como trauma.

Aunque acontecimientos monumentales como muertes, violaciones y desastres naturales se consideran lo bastante importantes como para ser un "trauma legítimo", en realidad son también las decepciones, los desplantes y las rupturas las que pueden causar mucho dolor. Por eso utilizo en su lugar los términos "heridas" y "heridas ocultas", para que podamos mirar a través de un campo más amplio y encontrar fragmentos ocultos de los escombros de la tormenta que, sin saberlo, están creando un gran sufrimiento y malestar en nuestras vidas.

Ejemplos de HERIDAS:

- Maltrato físico y/o emocional
- Violación, abuso o acoso sexual
- Muerte de un ser querido cercano

- Diagnóstico de cáncer o de una enfermedad grave y proceso de recuperación (propia o de un ser querido)
- Opresión racial, desigualdad, juicio y/o abuso
- Pobreza
- Adicción

Ejemplos de HERIDAS OCULTAS:

- Separación de los padres
- Padres alcohólicos o adictos
- Padres que discuten o están ausentes
- Padres o cónyuge controladores
- Juicio verbal y menosprecio por parte de un ser querido
- Estar en un hogar de crianza
- Cambiar de colegio o sacar malas notas
- Sufrir acoso escolar (verbal o físico).
- Ser objeto de burlas y juicios sobre tu fisionomía
- Aborto
- Ser padre soltero
- Perder la custodia de los hijos
- Perder una mascota querida
- Sufrir una ruptura o un divorcio
- Tener una discapacidad
- Que te digan que no llores ni expreses emociones
- Ser despedido de un trabajo o sentirse atrapado en una profesión
- Inseguridad económica
- Sufrir opresión gubernamental
- Ver historias en las noticias
- Compararse con otros en las redes sociales
- Declararse homosexual, bisexual, asexual, pansexual, transgénero o cualquier otra identidad no cisgénero.

- Ser mujer en un sector dominado por hombres o persona de color en un entorno dominado por los blancos
- Ser indígena en una tierra invadida por colonos.
- Ser animado u obligado a cazar y matar un animal
- Causar daño involuntariamente a otra persona

¿Quizá has sufrido más de una de estas heridas? ¿Quizás hayas experimentado muchas de ellas? ¿Quizá has experimentado alguna de estas heridas hoy mismo?

Ejemplos de cómo se sienten las heridas:

- Trauma
- Shock
- Miedo
- Una sacudida
- Impacto intenso

¿Recuerdas el corazón íntegro y amoroso de nuestro estado original? ¿Aquel en el que estamos naturalmente abiertos, confiados y presentes? Pues bien, cuando nos hieren, pasamos de sentirnos presentes y abiertos a sentirnos asustados y conmocionados.

Juntos, se vería así:

CORAZÓN: *Estoy aquí, experimentando la vida.*
HERIDA: *¡Ay! Eso duele.*

LAS HERIDAS NO SE PUEDEN CALIFICAR

Aunque no es cómodo mirar o pensar en las heridas, es importante hacerlo. Sabiendo de dónde viene el dolor, comprenderemos mejor cómo curarnos y volver a la plenitud de nuestro corazón. Ignorar nuestras heridas es un acto de autoprotección, pero nos insensibiliza y nos lleva por un camino problemático hacia el sufrimiento. Por eso es esencial que no juzguemos ni sopesemos nuestros traumas ni los de los demás.

En el momento en que ponemos nuestras heridas en una escala y determinamos que no son aptas para ser calificadas, perdemos la oportunidad de comprenderlas mejor y perdemos el contacto con el tallo que conecta con la raíz de nuestro dolor. No debemos autojuzgarnos ni sentir vergüenza de nosotros mismos por lo que hemos pasado. Tampoco debemos juzgar lo que es significativo o insignificante para otra persona, ya que nunca sabremos realmente lo que es ser ella o vivir su vida.

El hecho de que no todos nuestros corazones amen, se abran o sientan dolor de la misma manera, no significa que no hayamos conocido y experimentado los mismos dolores y heridas de la vida. Algunos llevamos moratones en el cuerpo y otros en el pensamiento, pero todos los tenemos en el corazón. En algún momento, cada uno de nosotros ha tropezado, caído y lidiado con la experiencia de la vida humana. Todos sufrimos y nuestro sufrimiento será diferente.

De hecho, cuando estamos convencidos de que otra persona no merece compasión, comprensión o validación por su dolor, revelamos lo privados que estamos de la sanación, el apoyo y la atención que necesitamos y merecemos desesperadamente. Impedimos comprendernos a nosotros mismos. También nos negamos a nosotros mismos la sensación de estar incluidos en la innegable fuerza de conexión que nos entreteje a todos.

¿Recuerdas alguna experiencia de su vida
(significativa o trivial) que hayas evitado reconocer
como profundamente traumática?

NUESTRA TIERNA JUVENTUD

CUANDO ACABÁBAMOS DE ENTRAR EN esta vida, éramos muy tiernos, teníamos los ojos muy abiertos y estábamos muy presentes. Los poros de nuestro ser estaban dilatados y abiertos, absorbiendo cada momento con la intensa pureza de la presencia. Debido a que estábamos tan abiertos, presentes y conscientes, cualquier herida durante nuestros primeros años fue especialmente impactante y esculpió nuestra comprensión de la vida. Es una cruda realidad de contraste e intensidad que revela lo aterradora e insegura que puede ser esta experiencia vital.

Cuando somos jóvenes, aún no estamos entrenados en el acto endurecedor de la despreocupación. La empatía es nuestro estado natural, dado al nacer, y es dentro de esa esencia tierna y abierta de nuestro cuidado donde experimentamos el impacto más auténtico y crudo del dolor.

Si no nos importara, no nos dolería, pero nos importa y nos duele. Sin embargo, ¿cuántas veces descartamos las experiencias vividas por los jóvenes porque pensamos que no son conscientes de lo que está pasando? De hecho, saben exactamente lo que está pasando. Quizá no entiendan muy bien por qué, pero pueden ver y observar. Y cuando éramos jóvenes, ¿cuántos de nosotros aprendimos a soportar el estrés, el dolor y el malestar de los demás (tal vez nuestros padres o hermanos) con la esperanza de aliviarles la carga? ¿Cuántos de nosotros seguimos haciéndolo hoy, reteniendo nuestra propia expresión de dolor por miedo a incomodar a los demás?

Nuestro temor a estar con o hablar de la verdad de nuestro malestar refleja el miedo iniciado en esos primeros años de heridas. Como pájaros prematuros que son empujados del calor del nido, fuimos sacados a la fuerza de nuestra sensación de seguridad. Con esa dura y abrupta caída al suelo, fuimos separados de nuestra sensación de confianza.

En esos años de desarrollo, tampoco se nos ofrece la recompensa de poder elegir, y nuestras opiniones suelen tener poca impresión en las conclusiones de quienes toman las decisiones. Como espectadores en situaciones que escapan a nuestro control, en muchos sentidos nos sentimos impotentes, obligados a participar en las historias que se desarrollan a partir del dolor no resuelto de otras personas.

¿Recuerdas alguna experiencia emocionalmente dolorosa ocurrida en tu juventud?

Dicho esto, no todas las heridas y traumas son algo que hayamos experimentado personalmente. Podemos ser igualmente agrietados por lo que ocurre en la naturaleza destructiva y violenta del entorno y del mundo en general. Puede que no vivas en un país en guerra, pero al ver las noticias y ver cómo se lanzan bombas, se destrozan hogares y los niños se quedan huérfanos, puedes experimentar el impacto emocional de todo ello.

También es probable que en tu linaje y ascendencia haya huellas de guerra, violencia y abusos. Tal vez no recuerdes haber experimentado el trauma, pero como tus padres (o los padres de ellos) sobrevivieron a algo extremadamente traumático, aún llevas el eco dentro de ti. La huella de ese dolor ha estado en un ciclo (y reciclándose) durante generaciones, hasta llegar a ti.

Por desgracia, si alguien no puede comprender y sanar el dolor que lleva dentro, ni comprender el dolor que llevan dentro sus padres, es probable que un día sea el padre que cause dolor a sus hijos. Generación tras generación, nos hemos perdido en patrones cíclicos de evasión y distracción colectivas. Nos hemos estado causando dolor a nuestros hijos, hijas, hermanos, hermanas, amantes, cónyuges, amigos, comunidad y entorno, sin mirar ni hablar de las heridas más tiernas que tenemos enterradas y guardadas en nuestro interior.

CREAR HERIDAS

¿Y si eres tú quien ha creado la herida en otra persona? ¿Quizá fue un accidente en el que tú conducías y alguien resultó herido? ¿Quizá eras malo con tu hermano pequeño? Independientemente de si fue un accidente o algo que querías hacer en ese momento, es posible que estés experimentando el fuerte y demoledor sentimiento de arrepentimiento por haber hecho algo mal.

Dado que la naturaleza de nuestro verdadero y auténtico yo es genuinamente afectuosa y cariñosa, causar dolor a los demás puede ser una experiencia muy traumática. De hecho, no es raro sufrir por las heridas que infligimos a los demás más que por las que nos han infligido a nosotros.

Sin embargo, ¿qué ocurre si eres consciente de que has causado una herida y no sientes el efecto doloroso de tus actos? No hace falta ser un sociópata para estar disociado del dolor que causamos a los demás. De hecho, es muy común que nos desvinculemos y nos insensibilicemos ante el dolor que causamos al mundo que nos rodea. Mira lo que le estamos haciendo al medio ambiente y a la población de abejas. A la mayoría de nosotros se nos da muy bien no sentir el dolor que causamos a los demás.

¿Qué ocurre cuando la persona a la que haces daño eres tú mismo? ¿Cuántas veces le has dicho algo a tu cuerpo que nunca le dirías a otra persona? ¿Cuántas veces te has juzgado o reprendido a ti mismo con palabras hirientes, negligencia o acciones castigadoras?

Para muchos de nosotros, esta es una forma de vida cotidiana: sentirnos heridos, inseguros, avergonzados y abatidos por nuestra propia relación dolorosa y crítica con nosotros mismos. Al igual que cualquier otra experiencia de abuso, puede dejarnos profundamente heridos y traumatizados, lo que requiere una confrontación honesta y sanadora con nosotros mismos para transformar la relación.

¿Recuerdas alguna experiencia de tu vida en la que hayas podido causarte una herida perjudicial a ti mismo o a otra persona?

RECUERDOS PERDIDOS

¿QUIZÁS ABORDARÍAS TUS HERIDAS SI pudieras, pero simplemente no sabes dónde están o qué son? ¿Lo has intentado y no puedes encontrar lo que creó tanta agitación en tu vida y en tu corazón? ¿Quizás recuerdas algunas malas rachas cuando eras niño pero no puedes recordar nada realmente severo o traumático?

Es comprensible. De hecho, una respuesta común al trauma es bloquearlo y borrarlo mediante la evitación, la negación y la distracción. La naturaleza de la supervivencia nos protege y nos separa de los recuerdos y las experiencias que podrían causarnos un daño emocional. Básicamente, olvidamos. Intencionada o involuntariamente, nos desconectamos de la verdad.

Aunque el olvido no te sirva necesariamente, se hizo con intención por seguridad. Esos recuerdos son dolorosos, así que tiene sentido que te hayas separado de ellos, pero ahora no te sirve desconectarte de ellos. Aunque parezca que se han ido para siempre, no se han borrado; solo están ocultos. Si realmente deseas correr la cortina para exponerlos, esta intención es un reflejo de tu disposición para el cambio y la sanación

3.

DOLOR

Experiencia de angustia y malestar causada por una lesión.

Cuando los seres humanos nos vemos agrietados por los acontecimientos traumáticos de la vida, sentimos dolor y nos sentimos incómodos. Nos lastima, nos afligimos, nos duele el corazón y el cuerpo, y perdemos el sueño rememorando el pasado. Esta réplica de dolor e incomodidad es el post-trauma, y puede durar semanas, meses o incluso años.

Ejemplos de sensación de DOLOR:

- Malestar
- Miedo
- Tristeza
- Vergüenza
- Soledad - Inseguridad
- Inseguridad
- Pena
- Decepción

Sentir dolor tras una herida es natural, pero también es una experiencia profundamente incómoda, por lo que puede resultar igual de incómodo mirarla, pensar en ella o hablar de ella. Sin embargo, dado que el dolor es a menudo lo que subyace bajo la superficie de nuestra infelicidad y sufrimiento, es vital que sea así.

¿Por qué? Porque el dolor es una alerta. El dolor nos notifica que no nos sentimos bien

CORAZÓN: *Estoy aquí, experimentando la vida.*

HERIDA: *¡Ay! Eso duele.*

DOLOR: *No me siento bien. Me duele.*

Es una poderosa señal para que prestemos atención, nos inclinemos hacia la herida, averigüemos qué ha pasado y descubramos qué necesitamos para sentirnos mejor. Sin dolor, no podemos comprender plenamente cómo curarnos para volver a estar completos. Por eso, por muy desagradable que sea el dolor, podemos aprender mucho de él.

LA GRIETA DE LA DIVISIÓN

Piensa en tu yo original y completo y visualiza un corazón completo dentro de ti. Cuando sufres un trauma, es como si un rayo cayera sobre tu corazón. Crea una grieta, una herida, un corazón roto. Debido a esa rotura, sentimos una sensación de división y desconexión en nuestro interior, que afecta la forma en que conectamos con el mundo que nos rodea y con nosotros mismos. En lugar de sentirnos completos, unidos y seguros, nos sentimos heridos, inseguros y débiles.

¿Te parece dramático? Imagina que en lugar de romperte el corazón sensible y emocional, te rompen el brazo. ¿Qué ocurriría? Tu brazo está diseñado para recoger cosas, así que ¿qué pasaría si se rompiera? Pues que probablemente sufrirías mucho dolor y serías incapaz de funcionar plenamente o de operar físicamente. Podrías perder la confianza en tus capacidades y sentirte inseguro.

El dolor emocional es muy parecido al dolor físico. Tu corazón está hecho para amar, así que ¿qué ocurre si se rompe? Cuando tu corazón ha sufrido el impacto de las duras intensidades de La vida, estás debilitado y no funcionas a plena capacidad. Puede que te sientas incómodo, inseguro y desprovisto de poder, en lugar de confiar en ti mismo y sentirte pleno.

También puedes sentir tristeza, que es una de las respuestas más comunes a las heridas emocionales. Cuanto más tiempo pasamos sin recibir el apoyo, las herramientas y la conexión que necesitamos para superar nuestro dolor, más se intensifica nuestra sensación de tristeza. Podemos encontrarnos atrapados en la corriente del dolor durante años después de que se produzca la herida.

Piensa en cuántos de nosotros hemos experimentado siquiera una de las mil heridas de la experiencia humana, y date cuenta de la corriente fuerte y colectiva subterránea de tristeza que corre bajo la superficie de nuestro ser. Sin embargo, la tristeza suele evitarse y ocultarse. Por miedo a ser juzgados o a ser vistos como un aguafiestas, a menudo impedimos que los demás vean nuestra tristeza y que nosotros mismos la sintamos. Irónicamente, cuando mostramos abierta y honestamente nuestra tristeza, estamos más cerca de comprender nuestro dolor y liberarnos de él.

LA ALERTA DEL MIEDO

Hay otra cosa importante que surge al ser herido: el miedo. Nuestro estado natural es sentirnos tranquilos y relajados, pero cuando experimentamos algo traumático y doloroso (como una herida), nuestra respuesta natural y automática es el miedo. Cuando nos han herido, a menudo nos sentimos inseguros, temerosos, inseguros, desconfiados y nerviosos.

Al igual que experimentar dolor, el miedo es una herramienta muy útil que nos proporciona nuestro ser. Nos alerta de algo o alguien "no seguro" para evitarnos daños. El dolor no se siente bien, así que el miedo está ahí para evitar que el dolor se repita. Cuando sentimos miedo, entramos en modo de alerta. Nuestra respiración se acelera y nuestro ritmo cardíaco aumenta. Nuestras glándulas suprarrenales se activan y entramos en modo de lucha o huida, sintiéndonos ansiosos e intranquilos. Estos sentimientos pueden durar poco tiempo tras el impacto de la herida, o mucho más, dependiendo de lo traumático que sea el entorno. Digamos que vives con una persona agresiva, alcohólica o impredecible: es probable que vivas en un estado constante de ansiedad, inseguridad y miedo.

¿Y si hace años que viviste con esa persona y es un recuerdo del pasado? Bueno, puedes alejarte de la situación traumática y seguir sintiendo que no estás a salvo.

A menos que la herida se reconozca adecuadamente y se atienda con el alivio calmante necesario, puedes encontrarte fácilmente viviendo en un estado constante de miedo sin ni siquiera saberlo. De hecho, puedes entender que eso es lo que eres y cómo es la vida.

Aunque hay cosas válidas de las que ser precavido y consciente en este mundo, vivir con miedo e incomodidad no es tu verdadero estado y no hay que temer a la vida.

FALTA DE SEGURIDAD

EN LA OTRA CARA DE LA MONEDA, seguridad es estar a salvo y libre de peligros o amenazas. Cuando algo es seguro, está intacto, en su sitio y estacionado en un lugar seguro. Cuando algo se vuelve inseguro, deja de estar firmemente fijado y es susceptible a desmontarse o romperse. Piensa en la integridad original de tu corazón, donde tu ser emocional está intacto. Intacto significa entero, completo e íntegro. Estás seguro de ti mismo, de tu familia, de tu cuerpo. ¿Qué ocurre cuando experimentas heridas que dañan tu corazón? Te vuelves inseguro. Te separas de la comprensión de la integridad, la pertenencia y la seguridad. Imagina un lobo en libertad. El lobo forma parte de una manada, una red familiar de apoyo. Colabora con la manada para obtener seguridad, alimento y protección. Ahora imaginemos que el lobo es molestado y atacado por otros lobos de la manada. Donde antes había un sentimiento interno de confianza, inclusión y pertenencia, ahora hay sentimientos de exclusión y separación.

El lobo herido pasa de sentirse seguro a sentirse inseguro. En lugar de tener una sensación de conexión y seguridad, se siente desplazado, excluido, condenado al ostracismo y teme por su bienestar. Sin la protección y el apoyo de sus seres queridos, se siente vulnerable, expuesto y en riesgo de sufrir más heridas.

Para muchos de nosotros, nuestras heridas más profundas se producen en el seno de la familia (manada), en una relación aparentemente amorosa en la que el espacio compartido de confianza y seguridad se vio comprometido o eliminado. Con ello, nuestra comprensión de la seguridad de la experiencia vital humana se divide y se desgarra. Recordemos que las heridas no solo provienen de acontecimientos como la muerte y el divorcio, sino también de palabras hirientes, negligencia, abandono o agresiones emocionales.

¿A cuántos de nosotros nos duelen las experiencias menos obvias y discretas de la vida? ¿Cuántos de nosotros nos hemos dicho a nosotros mismos que deberíamos ser lo suficientemente fuertes para manejar una pequeña ruptura o un momento duro aquí y allá? *Muchos de nosotros.*

Sea quien sea o lo que sea lo que nos haya hecho daño, por grande o pequeño que parezca, desarrollamos un sentimiento de desconfianza y exclusión, y nos desconectamos y separamos internamente, adentrándonos aún más en el reino del miedo, la inconsciencia y, finalmente, el sufrimiento.

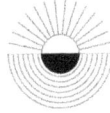

¿Recuerdas haberte sentido alguna vez separado o excluido de una relación, familia o grupo? ¿Como te sentiste?

LA CARGA DE LA VERGÜENZA

LA VERGÜENZA ES SIMILAR A LA inseguridad: una forma de dolor poderosa e incómoda que es una respuesta directa a haber sido herido. Tanto la vergüenza como la inseguridad surgen del miedo y provocan sentimientos de desconexión y exclusión de los demás. La diferencia es que la vergüenza está asociada a sentirse personalmente responsable y culpable de algo.

La vergüenza es una carga grande y pesada con la palabra "mal" escrita en letras obscenamente grandes. Es una respuesta a los momentos en que sentimos que hemos tomado decisiones imprudentes, y nos mantiene agobiados. Sin embargo, puede que ni siquiera provenga de nosotros mismos, sino de la influencia de nuestros padres, cultura, profesión y/o sistemas de creencias religiosas.

Ejemplos de sentir VERGÜENZA:

• Tonto
• Vergüenza
• Inseguro

- Sentir la necesidad de disculparse por ser malo, estar roto, equivocado e indigno.

Si te sientes responsable y te culpas (injustamente), es probable que lleves la pesada mochila de la vergüenza.

Algunas de las cosas que puedes oírte decir a ti mismo son:

"Es culpa mía".

"Debería haberlo hecho mejor".

"Soy una mala persona".

"Hay algo malo en mí".

"No soy lo bastante bueno".

"Yo soy la razón del dolor".

Lamentablemente, cuando nos vemos a nosotros mismos como el problema, nos obligamos a permanecer en un constante estado de exclusión. Al hacerlo, silenciamos nuestras voces, nuestros sueños y nuestros cuerpos. Sucumbimos a un estado de sufrimiento que creemos merecer.

LA PESADA CARGA DEL DOLOR

OTRA RAZÓN POR LA QUE PODEMOS SENTIR dolor es la pena por la pérdida de alguien. Cuando amamos de verdad a alguien, nuestro corazón se abre de par en par y damos y recibimos el alimento del amor. Nuestro amor es una fuerza rica en nutrientes, y lo utilizamos para regar el jardín que compartimos con nuestros seres queridos. Cuando perdemos a esos seres queridos, no es solo la pérdida de oír su voz y de sentir sus abrazos, es que nuestro afecto no tiene adónde ir.

Nos acostumbramos tanto a visitar el pozo cada día, a llenar la cubeta y a regar las flores, que cuando nuestros seres queridos se van, llevamos la cubeta de amor sin tener dónde verterla. No solo nos duele no recibir sus cuidados, sino que nos sentimos agobiados por la pesada cubeta del amor no expresado. Llevamos la carga de no ser capaces de *dar* nuestra atención.

Lamentablemente, cada uno de nosotros tiene que recorrer este camino de dolor una y otra vez porque la muerte sucede una y otra vez. Aunque es un acontecimiento natural e inevitable, tan cierto como la noche y el día, puede sentirse muy antinatural e innecesario cuando ocurre. Como si hubiera habido un error y los ángeles hubieran escogido a la persona incorrecta, al hijo o al marido equivocados. Pero no todo el dolor está relacionado con la muerte. Podemos sentir dolor por la pérdida de una amistad, una relación o un trabajo. Si nos sentimos unidos a nuestros padres, podemos sentir dolor cuando se divorcian.

En cualquier caso, nos sentimos desconcertados, conmocionados y desorientados, como si nada ni nadie hubiera podido prepararnos para ello; como si supiéramos que podía ocurrir y, sin embargo, nunca hubiéramos creído que fuera a ocurrir.

A veces, el dolor del duelo puede ser tan intenso que es como ahogarse: perdido en lágrimas y jadeando en busca de aire. Sin otra opción que aguantar, podemos llegar a ser demasiado pesados para los demás. Por desgracia, en nuestra sociedad faltan espacios constructivos y acogedores para los que están de duelo. Hay pocos lugares donde procesar, comprender y expresar adecuadamente el dolor. Así que si las lágrimas no se han secado al cabo de un par de semanas, nos convertimos en un problema, como si nuestro dolor fuera tan indeseable como la propia muerte. Como si no hubiera lugar para alguien que lleva una pesada cubeta y la cara llena de lágrimas.

Así que nos apartamos. Nos tragamos nuestra tristeza y nuestro dolor, y animamos a los demás a hacer lo mismo. Nos centramos en cualquier cosa que nos distraiga del profundo dolor que llevamos dentro. Como resultado, el dolor es una emoción que a menudo se enmascara, se pasa por alto y se transforma en evasión. Queda relegada a un segundo plano. Podemos verlo en la forma en que la mayoría de los humanos procesamos nuestro dolor por lo que le está ocurriendo a la Tierra. Nosotros no. Los árboles son los pulmones de nuestro planeta, pero se calcula que cada año se deforestan entre 3.500 y 7.000 millones de ellos, y más de 40.000 especies de plantas y animales figuran actualmente en la lista de especies amenazadas de la UICN. Cada año se vierten al océano unos 8 millones de toneladas métricas de plástico, que se suman a los 150 millones de toneladas que ya circulan por los medios marinos.

We can see this in the way that the majority of humans process our sorrow for what's happening to the Earth. We don't.

Trees are the lungs of our planet, but an estimated 3.5–7 billion of them are being deforested each year, and over 40,000 species of plants and animals are currently on the IUCN endangered list. Each year, around 8 million metric tons of plastic are dumped into the ocean, and that's as well as the 150 million tons already circulating in marine environments.

¿Cómo te sientes cuando lees estas estadísticas?

Reconocer realmente la destrucción del medio ambiente es traumáticamente hiriente y profundamente doloroso, por eso no nos detenemos a mirarlo ni a sentirlo. Tenemos miedo de experimentar más dolor porque la mayoría de nosotros ya estamos ahogados en nuestras luchas, aferrándonos a la seguridad, y no sentimos que podamos soportar más dolor. En lugar de eso, nos centramos en los planes para la cena, en nuestras próximas vacaciones y en lo que está pasando en nuestro programa de televisión favorito.

En realidad, nos duele el corazón y nos afligimos por dentro. Aunque sanar nuestra relación con el planeta no es una tarea fácil ni rápida, cuando superamos nuestro miedo al dolor lo suficiente como para mirar la verdad, podemos comprender y procesar mejor nuestro dolor. Y cada vez que lo hacemos, nos volvemos más fuertes, más seguros y estamos más cerca de sanar. Naturalmente, nos volvemos más capaces de aplicar ese mismo nivel de valentía, percatación y sanación al mundo. Como dice la frase: "Cuando te sanas a ti mismo, sanas al mundo".

¿Alguna vez evitas procesar y expresar
tu dolor porque es demasiado doloroso?

4.

NECESIDAD

*El estado de requerir apoyo,
seguridad y sanación.*

Cuando nuestros tiernos corazones han experimentado heridas y abrasiones dolorosas, necesitamos cuidarnos de la misma manera que lo haríamos con una herida física. El dolor nos alerta de que algo va mal, a lo que sigue la necesidad de cuidar y atender esa herida.

Ejemplos de sensación de NECESIDAD:

- Angustia
- Ansiedad
- Inquietud
- Miedo
- Hambre emocional
- Deseo de atención, aceptación o control

Es en el estado de necesidad donde el miedo empieza a burbujear como lava y a salir a borbotones.

Sería:

CORAZÓN: *Estoy aquí, experimentando la vida.*

HERIDA: *¡Ay! Eso duele.*

DOLOR: *No me siento bien. Me duele.*

NECESIDAD: *Me duele y tengo miedo. Necesito sanación.*

En esos momentos de dolor emocional, necesitamos alivio. Necesitamos experimentar la conexión y saber que no estamos solos; que pertenecemos.

Necesitamos abrirnos y liberar las emociones y los sentimientos de dolor que llevamos dentro. Y al igual que si estamos heridos o enfermos, necesitamos el calor medicinal del consuelo y el amor. Por desgracia, a menudo asociamos el sentimiento de necesidad con algo negativo. El problema es que, si no actuamos y atendemos el dolor de forma constructiva, la necesidad puede convertirse en una espiral de miedo inconsciente que nos deja ansiosos, angustiados y en camino hacia el sufrimiento, que no es lo que queremos.

EL ECO DEL DOLOR

CUANDO RECORDAMOS ESOS INTENSOS momentos de dolor en los que el rayo del trauma golpeó nuestros tiernos corazones, la experiencia llegó con un sonido. Irradia una intensidad tan grande que se produce una enorme vibración, que se extiende hacia afuera. No solo el relámpago de la herida crea una resonancia impactante, sino también el trueno del dolor que retumba tras él.

Lamentablemente, como muchos de nosotros aprendimos a no reconocer nuestras heridas ni a identificar conscientemente nuestro dolor, todavía podemos sentir el eco de una herida que ocurrió hace mucho tiempo. Es como si ese trueno quedara atrapado en un espacio cerrado, y así reverberara durante meses o años, rebotando por todo nuestro ser y nuestra vida.

Así es como se siente a menudo una necesidad: un eco de malestar que nos recuerda la dolorosa herida interior que requiere nuestra atención. Aunque la tormenta eléctrica haya pasado hace tiempo, la sensación de malestar y la necesidad de atender el dolor permanecen.

¿Quizá todavía sientes el dolor de un accidente en tu juventud o de una ruptura hace dos años? ¿Quizá tuviste una discusión intensa la semana pasada y todavía te sientes nervioso e inquieto por ello?

Independientemente de lo que haya sucedido y de cuándo sucedió, si no tomas conciencia de la raíz de la herida y no recibes la atención que necesitas para sanar el dolor, es probable que sigas sintiendo la respuesta de malestar, ansiedad e inquietud que resuena desde ella.

Sin considerar la herida dentro de ti como la culpable, sientes la vibración del malestar resonando, aunque no sabes de dónde viene. Como si estuvieras perdido en una cámara de eco, es posible que asocies el malestar con algo externo a ti, como tu cónyuge, tu trabajo, los miembros de tu familia o una persona cualquiera que va delante de ti en la carretera

Puede que te encuentres diciendo:

"Es culpa suya que me sienta así".

"Ella es el problema".

"No me quieren lo suficiente".

En realidad, el dolor y la necesidad están resonando desde una herida profunda en ti, no de ellos. Esas olas de angustia, ansiedad y malestar probablemente permanecerán dentro de ti, resonando y rebotando en todas las superficies de tu vida hasta que estés preparado para buscar dentro de ti la causa... y la solución.

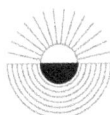

¿Qué sientes cuando estás nervioso o tenso?
¿Se te ocurre alguna experiencia en la que el dolor de tu
pasado se haya proyectado en tu vida actual?

HAMBRE Y ANHELO

¿QUÉ SIENTES CUANDO TIENES hambre? ¿Son las punzadas en el estómago cuando llevas demasiado tiempo sin comer? ¿Es la ansiedad y la irritabilidad que te impiden concentrarte en otra cosa cuando solo piensas en comer?

Sí, tenemos hambre de comida y también de algo más que comida. Al igual que el malestar en nuestro cuerpo físico cuando necesitamos alimento, podemos experimentar ansiedad, irritabilidad y malestar cuando nuestro corazón no ha recibido la nutrición y el alimento que necesita. Como una necesidad anhelante, sedienta y ansiosa de satisfacción, intentamos llenar un vacío profundo y voraz en nuestro interior. La experiencia del hambre es intencionadamente incómoda para llamar nuestra atención y notificarnos que necesitamos mantenimiento. Al igual que el hambre física nos avisa de que necesitamos sustento y el dolor físico nos indica que algo está herido o enfermo, el hambre emocional es una luz intermitente que nos indica que algo en nuestro interior necesita nuestra atención.

Sin embargo, podemos confundir la necesidad emocional de atención, alimento y cuidados con la sensación física de hambre. Así, podemos encontrarnos constantemente intentando apaciguar, calmar y nutrirnos con cualquier cosa que nos quite ese malestar. Una vez que nos aferramos a algo que nos proporciona una sensación de alivio (como la comida, el alcohol, las redes sociales, los orgasmos, el desahogo agresivo, etc.), identificamos esa sustancia o acción externa como un alivio del malestar.

Por desgracia, este doloroso e inocente viaje de intentar calmar el dolor lo mejor que podamos puede llevarnos fácilmente por el camino de la adicción. Y como el hambre viene del corazón y no del cuerpo, se convierte en un anhelo insaciable. Así pues, el hambre emocional no solo es desagradable, sino que es también un dilema estratificado que resolver. Como si se dispararan varias alarmas, tenemos que calmar la sensación de hambre e ir a nuestro interior para tratar las heridas que hay debajo.

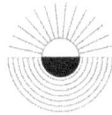

¿Alguna vez has sentido hambre de algo?
¿De qué otras cosas (además de la comida) tienes hambre?

LA INSACIABILIDAD DE LAS REDES SOCIALES

A MENUDO PIENSO EN EL HAMBRE Y la necesidad cuando pienso en las redes sociales. Necesitamos conexión, consuelo y amor cuando nos sentimos inseguros, tristes e incómodos, y por eso las redes sociales son una telaraña pegajosa y seductora.

En muchos sentidos, las redes sociales son un recurso que permite a personas de todo el mundo mantener correspondencia y conectarse. También proporcionan noticias, estímulos, información y redes de contactos, cosas de las que los seres humanos dependemos. Y no cabe duda de que a través de las redes sociales es posible entablar una amistad genuina e intercambios sinceros. Pero ¿cuántos de nosotros entramos en las redes sociales con la intención real de acceder a noticias, información y conexión? Lo más probable es que lo hagamos para intentar llenar una sensación interior de vacío y soledad.

Básicamente, las redes sociales son una cocina. Puede que tengas hambre y la intención de entrar, comer algo y ya está. Pero si entras a picar algo (sin intención) porque estás intentando llenar un vacío emocional, puede que te encuentres picoteando sin pensar. Antes de que te des cuenta, habrás estado delante de la pantalla-refrigerador durante horas, atiborrándote de abundantes imágenes, historias, egos y dramas. Tal vez entraste con alguna necesidad interna de conexión nutritiva, pero sales sintiéndote atiborrado, solo y desconectado.

Para cualquiera que ya se sienta inseguro y avergonzado, es un lugar peligroso con el potencial de intensificar los sentimientos de duda e inutilidad. Es un palacio de humo y espejos, donde la verdad se oculta a menudo tras muros de falsa confianza e insincera felicidad. En este lugar, nos resulta fácil escondernos en la jaula protectora de nuestro ego y presentarnos historias que no siempre son auténticas u honestas.

No estoy diciendo que las redes sociales sean algo malo, pero es importante entrar con intención para poder salir sintiéndose completo, en lugar de sentirse más desconectado, inseguro e insatisfecho.

¿Alguna vez te sientes agotado o alterado
negativamente después de estar en las redes sociales?
¿Cómo se siente eso?

LA NECESIDAD DE INCLUSIÓN Y ATENCIÓN

YA SEA POR NUESTRA PRESENCIA en las redes sociales o por cualquier otra cosa, otra forma habitual en que se manifiestan nuestras necesidades insatisfechas de conexión, consuelo y amor es a través de la necesidad de atención y aprobación.

Si en algún momento fuimos excluidos o desconectados de nuestra familia, compañeros, pareja o sociedad, es posible que lo hayamos entendido como si no fuéramos importantes, atendidos o queridos. Y si no conseguimos que esas necesidades se curen y atiendan adecuadamente, podemos tener una sensación continua de inseguridad y anhelo de ser incluidos y reconectados. Este sentimiento interno de falta de lo que somos nos anima a buscar continuamente atención, cumplidos y la seguridad de que somos importantes y estamos incluidos.

Esta necesidad continua de atención también contribuye con el comportamiento de "yo primero" que muestra gran parte del mundo. Si alguien está necesitado y, por lo tanto, en un estado de reparación constante, puede atraer la mayor parte de su atención y la de los demás hacia sí mismo para centrarse continuamente en sí mismo. Como resultado, pueden parecer egocéntricos, egoístas o narcisistas. Sin embargo, tenemos que entender que, bajo esas capas, sienten dolor e intentan por todos los medios calmar su inseguridad, su pérdida y su separación interna.

Esto también se refleja en la forma en que sentimos la necesidad de recibir aprobación y aceptación de los demás. Ya sea a través de las redes sociales, los grupos de amigos, los entornos profesionales, las reuniones familiares o los entornos comunitarios, a menudo nos vemos impulsados a asegurarnos de que no nos excluyan. Nos esforzamos por parecer atractivos, tener éxito económico y ser aceptados y respetados por los demás. Aunque conseguir estas cosas puede ofrecernos una sensación de felicidad y satisfacción, a menudo hay una intención subyacente que surge del miedo, la necesidad y la sensación de carencia.

Otra forma en que esto se revela es cuando sucumbimos a la camaradería destructiva y sentenciosa con los colegas. Cuando alguien a quien quieres dice algo sentencioso sobre otra persona, puede que no estés de acuerdo, pero en honor a la relación con tu ser querido, le das la razón. ¿Por qué? Porque tienes miedo. Buscas amor, conexión e inclusión, y no quieres quedarte fuera del grupo. Quieres sentirte seguro. Tu ser querido está mostrando lo que parece ser confianza en ti, y no quieres perder o poner en peligro esa conexión.

¿Recuerdas algún momento de tu vida en el que no hayas recibido la atención y el apoyo que necesitabas? ¿Esta falta de atención te generó algún sentimiento de ansiedad?

LA NECESIDAD DE CONTROL

OTRA FORMA DE INTENTAR CALMAR el dolor que llevamos dentro es a través del control. Aunque el control tiene cualidades tanto de necesidad como de protección, a menudo encierra un miedo y un anhelo subyacentes.

Para aquellos de nosotros que sentimos la necesidad de controlar, es probable que tenga mucho que ver con el control que nos faltó en otros momentos más conmovedores de nuestra vida. Ya sean abusos en la infancia, una violación, un padre autoritario o una pareja controladora, hay muchas experiencias en las que podemos perder el sentido de la autonomía y el respeto por nuestro cuerpo y nuestra voz. Si no se cumplen nuestros deseos y peticiones y no podemos protegernos o defendernos de forma constructiva, podemos sentirnos inseguros, tristes e incómodos.

No solo son las experiencias pasadas las que tienen este efecto, sino también las presentes. Podemos vernos desplazados por experiencias impactantes e inesperadas, que nos hacen sentir como si nos hubieran agarrado desprevenidos o como si nos hubieran quitado un velo de los ojos. Un divorcio inesperado o la muerte repentina de un ser querido pueden hacer que nos sintamos inseguros, al límite y asustados por los sucesos inesperados de la vida.

Aunque las necesidades subyacentes sean sentirnos escuchados (conexión), sentirnos seguros (comodidad) y saber que se nos respeta (amor), es posible que no se cumplan esas necesidades. Debido a eso, la necesidad puede manifestarse a través de una sensación temporal de seguridad obtenida al saber que estamos al mando y que tenemos todo bajo nuestro control. Si todo es predecible, organizado y está en su sitio, creemos que podemos evitar más dolor por amenazas inesperadas.

Podemos hacerlo controlando a nuestros hijos, cónyuges, cuerpos, dietas, etcétera. Dentro de la necesidad de control, también podemos tener la necesidad de mantener las cosas incesantemente limpias y ordenadas. Como muchas de nuestras heridas nos hacen sentir avergonzados, puede parecer que estamos confusos, desmontados y desaliñados por dentro.

Una de las formas en que intentamos gestionar nuestra sensación de desorden interno es cuidando, regulando y organizando obsesivamente todo lo que nos rodea. Intentamos compensar nuestro desorden interno, sobre todo si nos falta confianza y comprensión de la totalidad de nosotros mismos. Ahora, si te identificas con alguno de estos rasgos o patrones, por favor, libera tu vergüenza y autojuicio ahora mismo.

La realidad es que si te estás presentando de cierta manera porque te sientes incómodo por dentro, no es razón para ser duro contigo mismo. En algún lugar de tu interior, el hecho de centrarte en tu aspecto externo se debe a que no te sientes digno, seguro y protegido, y es una respuesta inocente y comprensible a tu dolor.

En contraste, cuando empezamos a ofrecernos a nosotros mismos el alimento del autocuidado y el apoyo, dejamos de necesitar controlar y "arreglar" todo lo que parece torcido fuera de nosotros, porque nos damos cuenta de la verdad: que somos seres totalmente equilibrados, completos y enteros por dentro. A partir de ahí, encontramos el poder y la plenitud en nuestro interior, en lugar de tratar constante y dolorosamente de presentar una fachada de perfección física para sentirnos dignos y aceptados.

UN MUNDO EN NECESIDAD

Debido a que la mayoría de nosotros hemos sido profundamente heridos y tenemos un dolor no resuelto en nuestro interior, vivimos en un mundo que se encuentra predominantemente en un estado de desesperación y necesidad. Muchos de nosotros no sabemos a dónde pertenecemos o con quién hablar cuando necesitamos apoyo, y en lugar de abrirnos a los demás y experimentar una conexión sana y honesta, nos perdemos en nuestra ansiedad y miedo.

Sin una conexión sana con la fuente de nuestro anhelo o con el noble corazón que hay en él, buscamos constante y desesperadamente satisfacción y conexión emocional a través de objetos materiales y comodidades temporales. Tenemos un hambre insaciable de más para compensar todo aquello de lo que nos sentimos emocionalmente privados. Más ropa, más comida, más coches, más likes, más ventas, más de todo. Donde antes había una necesidad emocional de sanación, se convirtió en un hambre, luego en un hambre insaciable, luego en un querer insaciable.

Por desgracia, nos hemos convertido en una especie adicta a ese deseo. De hecho, el estadounidense medio produce alrededor de 1,5 toneladas de basura al año. Esto significa que cada 26 años, cada persona llena un semirremolque de cosas innecesarias que van a parar directamente a los vertederos y los océanos. Sí, puede que gran parte de ello sean residuos alimentarios necesarios, pero ¿cuántos de ellos son ropa, juguetes, zapatos, adornos, artilugios, baratijas y maquillaje innecesarios que decidimos comprar porque buscábamos satisfacción, comodidad y aceptación?

¿Por qué? Porque sufrimos y tenemos miedo. En algún momento, perdimos la confianza en los demás y perdimos el contacto con la esencia de la conexión. Empezamos a cambiar el calor del amor y la familia por la fría y estéril recompensa del beneficio personal. Es más, nuestra sociedad industrial y capitalista a menudo fomenta estos sentimientos de hambre insaciable, dependencia y anhelo. A menos que compres algo, hagas algo o cambies algo, te obligan a creer que no eres digno de ser algo. La incentivación de la finalización está constantemente colgada delante de nosotros, siempre a una pulgada y unos pocos dólares de nuestro alcance.

En lugar de eso, podemos despertar niveles más profundos de conexión dentro de nosotros mismos y volver a unir las piezas rotas de nuestros corazones. Al ser valientemente conscientes de nuestras heridas y del origen de nuestro dolor emocional, actuamos de forma activa y constructiva para curarnos. Cada vez nos sentimos más a gusto y saciados, y cada vez queremos menos para sentirnos completos.

Cuanto menos necesitamos, menos queremos.
Cuanto menos queremos, menos tomamos.
Cuanto menos tomamos, más podemos dar.

Parte III:
EVITACIÓN

*Cuando no se ha satisfecho la necesidad de sanación,
la evitación es la respuesta iniciada para la autoconservación.
Esencialmente, es la separación del dolor, pero también la
separación del Ser. Esta fase simboliza el miedo y la inconsciencia.*

5.
PROTECCIÓN

*La experiencia de sentirse abrigado y protegido;
separado del daño.*

CUANDO ESTAMOS HERIDOS Y NOS DUELE ALGO, necesitamos atenderlo. Necesitamos cuidar de nuestros corazones doloridos y sanarlos con actos sagrados de conexión, liberación, consuelo y amor. Sin embargo, si no satisfacemos nuestras necesidades, hacemos lo que nos parece la segunda mejor opción: nos protegemos. Nos encerramos y escondemos nuestros corazones doloridos donde se sienten más seguros y menos expuestos. Nos desconectamos del dolor y, en esencia, así es como funciona la protección. A pesar de que el dolor y las necesidades siguen muy vivos y clamando desde nuestro interior, obtenemos una sensación de alivio al evitarnos y desensibilizarnos.

Ejemplos de PROTECCIÓN:

- Distracción
- Evitación
- Desapego
- Desensibilización
- Falta de empatía
- Proteccionismo
- Secretismo
- Deshonestidad

En secuencia, las etapas serían:

CORAZÓN: *Estoy aquí, experimentando la vida.*
HERIDA: *¡Ay! Eso duele.*
DOLOR: *No me siento bien. Me duele.*
NECESIDAD: *Me duele y tengo miedo. Necesito sanación.*
PROTECCIÓN: *No tengo lo que necesito para sentirme mejor. Me protegeré intentando no sentir el dolor.*

Algunos nos desconectamos del dolor calmándonos con comida, alcohol, cafeína o cigarrillos. Para otros, son los juegos, las redes sociales o cualquier cosa que desvíe nuestra atención de las heridas. Por desgracia, como veremos, no funciona.

EGO: LA GRAN DIVISIÓN

Cuando no se satisfacen nuestras necesidades de sanación, vamos por la vida con el corazón roto y lastimado. Esto es doloroso, incómodo y no es sostenible, así que cambiamos nuestros engranajes internos de sensibles a más densos y menos flexibles. Básicamente, pasamos de tener el corazón abierto a tenerlo cerrado.

Esta etapa es la "Gran División". Es donde se inicia una profunda separación interna entre el yo consciente y el inconsciente. Como experimentamos el dolor más intensamente cuando estamos conscientes y presentes, esta barrera nos permite apartarnos de la presencia y sumergirnos en un estado de inconsciencia adormecedora. Nos convencemos de que estamos bien y de que no nos importa, lo cual no es cierto y no honra nuestras necesidades y sentimientos más profundos. De hecho, solo nos lleva más profundamente a los reinos de la inconsciencia.

La inconsciencia es simplemente lo contrario de la consciencia. Es cuando estamos separados de la presencia y desconectados de la nítida claridad del momento. Como si nuestros cuerpos estuvieran aquí, pero la radiante vitalidad de nuestros corazones estuviera profundamente dormida.

Sin embargo, la inconsciencia no es una fuerza malévola. No quiere hacer nada. Es la nada. Sin embargo, como no somos conscientes de lo que hacemos cuando empezamos a actuar inconscientemente, empezamos a perder de vista la realidad. Nos separamos de la conciencia de nuestros pensamientos, sentimientos y acciones, y entramos en el reino de la inconsciencia.

En otras palabras, nos desconectamos y disociamos de nuestros corazones sin ser conscientes de que lo estamos haciendo y, como resultado, perdemos el contacto con el lugar de donde procede realmente el dolor (nosotros mismos).

LA ILUSIÓN DE EVITAR

LA CUESTIÓN ES QUE ESTA PROTECCIÓN se inicia en honor a nuestro bienestar. Al construir una jaula alrededor de nuestros corazones rotos, estamos actuando genuinamente por la intención de autopreservación y seguridad.

Estamos protegiendo lo que es importante para nosotros: nuestro corazón. Es como cuando tomamos a nuestros hijos de la mano para protegerlos de los autos o nos tapamos los oídos cuando oímos una sirena. Hacemos estas cosas porque nos importan. Nos preocupamos por nuestros hijos, por nuestro cuerpo, por nuestro bienestar. Realizamos conscientemente actos de protección con el deseo y la intención de preservar lo que valoramos y amamos.

Pensamos que al cerrar nuestro corazón para protegerlos, estamos evitando sentirnos heridos y ocuparnos de nuestro bienestar. Y eso tiene sentido. El problema es que al no sentir algo, en realidad no nos empoderamos ni eliminamos el peligro.

Simplemente nos alejamos del sentimiento y prolongamos la experiencia incómoda. No la superamos; simplemente la evitamos.

En cierto sentido, el miedo a que nos hieran toma las riendas de la parte de nosotros que busca apoyo conscientemente. Nos alinea con una falsa sensación de apoyo, poder y confianza, creada a partir del miedo y no de la confianza.

Cuando evitamos activamente la incomodidad, podemos oírnos decir algo como:

"No importa".

"Voy a olvidarlo".

"Lo hecho, hecho está".

"Su pérdida, no la mía".

"Ya lo he superado".

""No me importa... lo que sea."

¿Es verdad? ¿Realmente no nos importa? No, claro que nos importa. Somos criaturas auténticas, cariñosas y atentas hasta la médula. Sin embargo, ser cariñoso conlleva un corazón abierto y tierno que puede ser herido, así que elegimos no preocuparnos. A menudo, esto no es algo que hagamos intencionadamente.

Lo hacemos inconscientemente para escapar de lo que tememos.

Del mismo modo, podemos resistirnos igualmente a ser íntimamente honestos con los demás sobre lo que sentimos de verdad. Actuando con firmeza, pareciendo "normales" y limitando la conversación a charlas triviales, nos sentimos más seguros y menos expuestos.

Por desgracia, la mayoría de nosotros vivimos así todos los días. En lugar de abrirnos y decir la verdad con confianza, hacemos todo lo posible por fingir que estamos bien.

Y como muchos de nosotros hemos pasado tantos años evitando el dolor y fingiendo que estamos "bien", realmente no somos conscientes del dolor que sentimos. Nos convertimos en olvidadizos profesionales y no sabemos cómo hablar de lo que realmente nos pasa, porque en realidad no lo sabemos. De este modo, no hacemos más que perpetuar el problema. Cuanto más tiempo damos la espalda a las heridas e ignoramos o negamos el malestar de la situación, más prospera el dolor y más se agravan nuestros problemas. Aunque originalmente fue la herida la que nos causó dolor, enterrar nuestros verdaderos sentimientos puede crear mucho más dolor que, en última instancia, es mucho más destructivo que la herida original.

¿Te has encontrado alguna vez diciendo que estás "bien" incluso cuando no lo estás?

EL ARRULLO DE LA DISTRACCIÓN

HAY MUCHAS FORMAS DE EVITAR activamente sentir, afrontar y hablar del dolor que sentimos, y la distracción es una forma muy común. Al igual que una droga, puede ser persuasiva y seductora, llevándonos a un estado de inconsciencia y desconectándonos de nuestros verdaderos sentimientos y dolor.

Algunos ejemplos de distracción son:

- Televisión o películas
- Compras
- Las redes sociales
- La cafeína

- La comida
- El alcohol
- Estimulación sexual
- Drogas

Tendemos a distraernos cuando estamos incómodos (tristes, ansiosos, estresados, afligidos, agotados) y nuestras necesidades no han sido satisfechas. Y como la necesidad no resuelta puede ser la de recibir consuelo, conexión y atención, nos distraemos con cosas que parecen ofrecer consuelo y conexión. Como muchas de nuestras otras tendencias, hay un intento subyacente de reparar lo que sentimos tan roto y desconectado en nuestro interior.

Por desgracia, la distracción es astuta. Nos hace creer que estamos siendo apoyados y arrullados para volver a sentirnos completos y conectados. En realidad, nos está alejando de la presencia, de nuestro verdadero yo y de un sentimiento genuino de plenitud.

La distracción es como la cafeína. Si estamos cansados y agotados, podemos optar por tomar cafeína para obtener una ráfaga temporal de energía, en lugar de mirar la causa real (necesidad de dormir más u otros factores de salud). Al hacerlo, no creamos soluciones sostenibles a nuestros problemas. Ciertamente podemos pasar el día, pero a menos que nos paremos a entender por qué estamos cansados o no estamos inspirados, evitamos la causa subyacente. Y, a largo plazo, la cafeína puede ser perjudicial para nuestra salud en general.

Del mismo modo, nuestra jaula protectora solo puede mantenernos a salvo durante un tiempo. Aunque nos consuma sentirnos felices, capaces y "bien", en algún momento nos agotamos, enfermamos o nos hacemos daño. Puede que nos encontremos en una situación traumática que nos obligue a detenernos y ver la verdad, como un accidente o una lesión, que puede ser una forma abrupta de despertar. O si no nos vigilamos y observamos de cerca, podemos alejarnos cada vez más de nosotros mismos y acabar en un estado de adicción. Dicho esto, no todos los actos de distracción son destructivos. A veces, permitirse retirarse a un espacio de confort y tranquilidad puede ser muy curativo. Hay momentos en los que nuestra mente está atrapada en un patrón cíclico y nuestro cuerpo experimenta un estrés severo, que no es saludable ni sostenible. En esos momentos, puede ser productivo acurrucarse y relajarse con una película. La clave está en preguntarnos si nuestras acciones contribuyen conscientemente a lo que queremos sentir (intención) o a lo que no queremos sentir (evitación).

¿De qué manera tiendes a distraerte
cuando te sientes incómodo?

EL ATRACTIVO DE LAS PANTALLAS

UNA DE LAS FORMAS MÁS COMUNES de evitar el malestar es mirar fijamente las pantallas. Nos hemos convertido rápidamente en una especie que se ha adaptado a acceder a la conexión, la comodidad y la relajación a través de pantallas, ya sea una videollamada o una serie de televisión favorita. Si bien esto puede ser necesario para la educación y las carreras, también es probable que estemos en un estado de evasión y buscando algo que hacer, ver, distraer y calmar.

Cuando miras una pantalla, tu cuerpo empieza a liberar

dopamina y tu cerebro entra en un estado placentero, meditativo y alfa. Este estado de zonificación y relajación permite al cerebro estar aparentemente quieto y no hacer nada, pero también está en modo receptor, lo que significa que el subconsciente absorbe lo que ve. Esto no es malo si estás viendo algo que expande tu percatación y estimula tu curiosidad. Pero, ¿qué ocurre cuando estás absorbiendo conflictos, luchas y agitación?

Aunque ver la televisión o navegar por las redes sociales puede ser relajante, es importante detenerse y preguntarse: ¿cómo se absorbe exactamente lo que vemos? ¿Cuánto tiempo de mi vida paso mirando una pantalla y animando a mi mente a no hacer nada?

Si pasas 2,7 horas al día viendo programas de televisión como el promedio de la gente, eso son casi 19 horas a la semana, que son 76 horas al mes, que son más de 900 horas al año. ¿Qué se siente al pasar tanto tiempo sentado entre el público viendo cómo otras personas experimentan la vida? ¿Estás ganando algo con ello, o está drenando lentamente la conciencia y la inspiración de tu vida?

También es posible que estés sintonizando con la historia de otra persona para olvidarte de la tuya. Lo ideal sería que amaras tanto tu vida que no quisieras pasar ni un minuto olvidándote de ella: quieres vivirla. No estoy diciendo que los que vemos la televisión todos los días o nos dedicamos a las redes sociales no amemos nuestras vidas, pero es importante descifrar si nuestras acciones se dirigen conscientemente hacia la experiencia de vivir la vida o inconscientemente intentan escapar de ella. 900 horas es mucho tiempo y mucha energía vital muy valiosa que podría alimentar la creación de un proyecto o la manifestación de un sueño. ¿Alguna vez has querido aprender un nuevo idioma? ¿Y astronomía? ¿No sería divertido aprender a tocar un instrumento? ¿Quizá te gustaría escribir un libro? Tú decides.

Tienes más de 900 horas para trabajar, ¿qué quieres hacer con ellas?

EL MURO DE LA DESENSIBILIZACIÓN

AUNQUE EVITAR NUESTRO DOLOR viendo la televisión, bebiendo alcohol o absortos en nuestros teléfonos puede disminuir temporalmente el malestar en nuestro interior, en realidad debilita y agota nuestras sensaciones. Otra forma de decir esto es que nos *insensibilizamos.*

Esto significa que hemos encontrado formas de adormecer nuestro dolor y separarnos de nuestros sentidos para que nos afecten menos la herida y el dolor. Podemos pensar que somos capaces de filtrar y evitar solo los sentimientos incómodos como la tristeza, la vergüenza, el arrepentimiento y la pena, pero en realidad no funciona así. Un muro es un muro y una jaula es una jaula; nada entra y nada sale, incluido el verdadero amor, la empatía, la intuición y la compasión.

Puesto que la esencia de tu verdadero ser son todas esas cosas, cuando estás desconectado de tu corazón, estás separado de la línea vital que te une con la verdadera naturaleza de tu ser, detrás de un muro. En lugar de vivir en la maravilla expansiva y la curiosidad como lo hiciste una vez, estás influenciado por las fuerzas contractivas del miedo. Estos miedos te animan a ser precavido, retenido y alejado de la presencia, incapaz de sentir la crujiente vitalidad de la vida.

Cuando estás insensibilizado, puedes pensar que esto significa que no sientes ninguna emoción. Pero el hecho de que intentes evitar las emociones indeseables del dolor y el malestar no significa que estés completamente insensible a las emociones. Solo significa que eliges no sentir ciertas emociones.

Con el tiempo, a medida que nos volvemos más hábiles para insensibilizarnos y bloquear nuestros sentimientos, nos entrenamos gradualmente para no sentir. Por eso, podemos seguir siendo emocionales (enfadados, celosos, emocionados) mientras permanecemos insensibilizados y desconectados de los sentimientos más profundos y sensibles, como el amor, la compasión y la intuición.

Es tentador pensar que la desensibilización es algo que solo afecta a los adictos o a las personas que han sufrido traumas graves, pero en realidad, muchos (si no la mayoría) de los seres humanos están algo desensibilizados. Sin un enfoque aceptado y eficaz para abordar y sanar conscientemente nuestro dolor (individual y colectivamente), la mayoría de nosotros hemos aprendido a sobrellevar nuestro dolor desconectándonos y disociándonos de él.

De hecho, cuando miras a tu alrededor y te das cuenta de lo extenso que es realmente el problema, empieza a tener sentido por qué nuestro mundo está lleno de tanto sufrimiento e ignorancia. No somos capaces de sentir lo que nos pasa a nosotros mismos, así que no podemos sentir lo que les pasa a los demás. Y si no podemos sentir lo que otros están pasando, es menos probable que sintamos compasión por ellos o el deseo de ayudar.

LA PÉRDIDA DE LA INTUICIÓN

CUANDO NOS INSENSIBILIZAMOS EMOCIONALMENTE, también perdemos la capacidad de sentir, percibir y oír el funcionamiento interno y sutil de nuestros cuerpos y seres. Esto es similar a cuando el cuerpo físico se entumece si una zona recibe mala circulación. Cuando no estamos conectados con nuestro corazón, nos separamos de la fuerza poderosa y orientadora de nuestra intuición, nuestra capacidad de sentir a través de un conocimiento instintivo.

Sin nuestra conciencia intuitiva, somos más propensos a sentir dudas e inseguridad. Esta falta de confianza en nosotros mismos nos empuja a buscar respuestas, orientación y perspectivas fuera de nosotros. Cuando lo hacemos, perdemos el contacto con nuestra brújula interna de conciencia y nos alejamos de nuestro sentido de propósito y dirección en la vida.

Por extraño que parezca, algunos de nosotros podemos encontrar una extraña y satisfactoria sensación de plenitud al estar desconectados del corazón de nuestro verdadero yo y de nuestra intuición. ¿Por qué? Porque cuando estamos conectados y capacitados para tomar decisiones conscientes por nosotros mismos, somos los responsables de nuestras acciones y decisiones. Para algunas personas, puede resultar intimidante tener que rendir cuentas de nuestro propio estado.

¿Qué ocurre si no tenemos éxito? ¿Qué pasa si perseguimos lo que nos parece correcto y resulta ser erróneo? Sentirnos desanimados y sin poder es un sentimiento que ya conocemos muy bien, así que lo último que queremos es sentirnos aún más avergonzados y defraudados. Por eso puede resultar menos pesado responsabilizar de nuestras decisiones a algo o a alguien más. Si el problema (y la solución) está fuera de nosotros, podemos relajarnos en el asiento del copiloto, desviando nuestra atención de nosotros mismos. Podemos evitar tomar el volante y dirigir el curso de nuestras propias vidas.

Por desgracia, esta amortiguación de nuestra intuición es en gran medida un comportamiento aprendido y muy fomentado por nuestra cultura y nuestro entorno. Desde una edad muy temprana, a menudo se nos hace creer que tenemos que buscar fuera de nosotros mismos las respuestas y la verdad. Nos enseñan a escuchar a nuestros padres, profesores, anuncios y empresas farmacéuticas. Recibimos constantemente normas e instrucciones de otras personas para considerarnos seres humanos dignos. Aunque puede que estos sistemas e industrias tengan en mente nuestro bienestar general, ponemos mucho poder energético y financiero en manos de otros, y les confiamos nuestras mentes, cuerpos y futuros. Y en lugar de escuchar nuestra propia voz intuitiva, aprendemos a hacer lo que nos dicen y a seguir devotamente lo que hacen los demás. Por supuesto, es importante tener orden civil y organización dentro de nuestra cultura y especie. Es importante trabajar juntos y honrar la guía y la experiencia de los demás. Sin embargo, también es esencial tener una conexión directa y pura con el conocimiento sabio y claro dentro de nuestros propios corazones. Esto es lo que nos conecta y nos guía hacia un propósito saludable y pleno en la vida, en lugar de dejarnos llevar por otros.

¿Alguna vez te ha sentido separado de tu intuición?
¿Recuerdas haber tenido un sentido de la intuición
más fuerte cuando eras niño?

LA DESCONEXIÓN DE LA DESHONESTIDAD

LA DESHONESTIDAD ES OTRA FORMA habitual en la que muchos de nosotros nos desconectamos intencionadamente de nuestro corazón (y de los demás) en un intento de protegernos. Cuando no confiamos en la verdad o en nosotros mismos para mantenernos a salvo, creamos una historia que imaginamos que nos mantendrá más seguros. Mentimos por miedo, inseguridad y desconfianza, lo cual es perjudicial para cualquier relación.

Por desgracia, existen numerosas razones por las que mentir es perjudicial para ti y para los demás. Si mientes a alguien, creas una barrera que te separa de esa persona y debilita la conexión. Si la mentira se revela, daña o elimina la confianza, lo que crea dolor y pena. La revelación también provoca una sensación de vergüenza interna, que alimenta la inseguridad y la autoestima, y no es lo que quieres.

¿Y si es solo un pequeño secreto? ¿Una mentira piadosa que no hará daño a nadie? No importa. Cada vez que mientes, eliges y te comprometes a sostener el gran peso del secreto sobre tu espalda y, con el tiempo, ese peso puede asfixiarte. Cada vez que mientes, tu mochila de vergüenza se hace más pesada y te arrastra aún más.

También podemos dañar profundamente a los demás cuando les mentimos. Como es importante estar atados a nuestra intuición como brújula en la vida, cuando decimos una mentira convincente, animamos a los demás a contradecir su conocimiento intuitivo. Esto perjudica su relación consigo mismos y les lleva por mal camino.

En el momento, aunque te encuentres siendo deshonesto desde un lugar de miedo y protección, es importante recordar que puedes estar creando, sin saberlo, mucho dolor y desconexión innecesarios en ti mismo y en los demás. Independientemente de si crees en el karma o en un sistema de creencias religiosas o espirituales, mentir no es bueno. No es beneficioso ni para ti ni para nadie. A menos que la mentira se diga conscientemente para salvar la vida de alguien, no merece la pena.

¿Recuerdas alguna vez en la que hayas tergiversado la verdad, inventado una historia o mentido a alguien?
¿Cómo te separó esa mentira de ellos?
¿Cómo pudo haberles separado de sí mismos?

DESHONESTIDAD CON UNO MISMO

Aunque la falta de honradez con los demás es perjudicial y tiene implicaciones importantes, cuando nos mentimos a nosotros mismos nos causamos, sin saberlo, el daño más grave. Si pensamos en nuestra relación con nosotros mismos como una amistad, podemos vernos como el que da y el que recibe; el que habla y el que escucha. Cuando una parte de ti miente a otra parte de ti, por pequeña o aparentemente insignificante que sea la historia, sabes que te estás mintiendo. Obviamente, conoces la verdad, así que empiezas a perder la confianza en ti mismo.

Al igual que cuando mientes en cualquier otra relación con un amigo o un ser querido, has dañado el puente de la confianza. Has deteriorado la creencia y la confianza en tu propia fuerza, voluntad y palabra. Esta falta de confianza debilita tu sensación de seguridad en ti mismo y acaba traduciéndose en inseguridad, vergüenza y desprecio hacia ti mismo. Cuando nos mentimos a nosotros mismos, esencialmente estamos mintiendo a nuestro mejor amigo. Estamos ampliando la brecha de desconexión y división, haciendo más difícil creer en nosotros mismos, querernos y encontrar nuestra confianza y propósito. Y cuanto más nos mentimos a nosotros mismos y mentimos a los demás y nos mienten, más grueso se hace el muro de nuestra jaula porque sentimos que el mundo exterior no es seguro. La desconfianza nos anima a permanecer acurrucados en nuestra jaula de protección.

Aunque puede resultar abrumador e incómodo mirar la verdad y ser honesto con uno mismo, es una parte necesaria para construir una relación sana y fuerte con uno mismo. Como aprenderás, la confianza y la conexión son dos de los elementos más vitales de cualquier relación sana. Sin confianza, no podemos llegar muy lejos en la experiencia del amor verdadero con los demás y con nosotros mismos.

*¿Recuerdas algún momento de tu vida en el que te
hayas mentido a ti mismo?
¿Cómo afectó esa mentira tu confianza en ti mismo?*

A veces, solo cuando se levanta el estado de protección somos capaces de comprender realmente lo ensordecedor, diluyente e insensibilizador que es dentro de la jaula. Por eso hay tantos relatos de personas que tienen un despertar sincero cuando han experimentado algo muy traumático y humillante, como un accidente o una experiencia cercana a la muerte. Es como si el incidente hubiera sido tan traumático que hubiera hecho sacudir la jaula.

Cuando ocurre algo grave, la gente se siente de repente abrumada por sentimientos de gratitud, presencia y conciencia de lo valiosa que es la vida. Se dan cuenta de lo mucho que aprecian a sus seres queridos; "ven la luz" y vuelven a la presencia. En lugar de vivir en un estado constante de distracción y evasión, sienten una nueva sensación de conexión y el deseo de ser más solidarios o de servir a los demás.

Esta "luz" es la conciencia. Es el resplandor brillante de la conciencia que nos permite sentirnos conectados, comprometidos y unidos con toda la vida en este planeta y más allá. Es esta luz la que se bloquea cuando entramos en un estado de protección y nos escondemos dentro de la jaula.

6.

DEFENSA

Acto de defender lo que necesita protección.

Durante un tiempo, me referí a toda esta etapa de sufrimiento como ira, pero después de profundizar en la comprensión de la defensa, quedó claro que no todo el mundo se revela y se libera en expresiones externas de ira cuando se está defendiendo activamente. Algunos nos volvemos competitivos, otros nos volvemos críticos y otros nos volvemos silenciosos o pasivo-agresivos.

En el calor del momento, cuando estamos protegiendo agresivamente nuestra jaula, es muy fácil culpar y centrarse en los demás. Por eso es importante utilizar el término "defensa", para que podamos volver a atar a nuestro propio dolor, nuestras propias acciones y nuestro propio crecimiento. Nos inspira a preguntarnos "¿defendiendo qué?". Esto nos lleva instantáneamente al lugar al que necesitamos ir para sanar: el corazón herido.

Ejemplos de estar en un estado de DEFENSA:

- Enfadado
- Irritado
- Enjuiciador
- Agresivo
- Pasivo agresivo
- Envidioso
- Competitivo/a

Como un tigre asustado, herido y enfadado, nos protegeremos y defenderemos de cualquier cosa que veamos como una amenaza. Frunciremos el ceño, gritaremos, sisearemos, morderemos y arañaremos para mantener la jaula (y nuestro corazón en peligro) a salvo de cualquier daño. También defenderemos todas las perspectivas, historias e identidades que están entretejidas en las paredes de la jaula.

Juntas, las etapas son las siguientes

CORAZÓN: *Estoy aquí, experimentando la vida.*

HERIDA: *¡Ay! Eso duele.*

DOLOR: *No me siento bien. Me duele.*

NECESIDAD: *Me duele y tengo miedo. Necesito sanación.*

PROTECCIÓN: *Mis necesidades no están cubiertas. Me protegeré intentando no sentir dolor.*

DEFENSA: *Para evitar sentir más dolor, lucharé para protegerme.*

Te voy a contar un secreto: el tigre a la defensiva y enfadado no es real. Al igual que tu ego no es quien realmente eres y la jaula no es tu verdadero hogar, tu ira y tu actitud defensiva no son lo que realmente eres. Es una máscara que disfraza el dolor y el miedo que hay dentro de ti, y está diseñada para mantener tu ternura a salvo y oculta. Aunque la ira y la defensa pueden ser muy creíbles, intimidante y causar daño y heridas sinceras, no es más que una fachada. Aunque pueda parecer ruidosa, fuerte, poderosa y confiada, está ocultando un miedo interno y una necesidad de protección.

UN PUÑO EN CÁMARA LENTA

Para comprender mejor la progresión de la herida, el dolor, la necesidad, la protección y la defensa en acción, imagina una pelea a puñetazos a cámara lenta. Lo primero que notamos es miedo. Vemos aprensión, sorpresa y miedo cuando el puño viene hacia ellos. Luego, vemos la herida que se está creando. Vemos cómo se estira la piel y el impacto de la presión y la herida. A continuación, vemos la mueca de dolor y malestar.

Si pudiéramos congelar el encuadre aquí, veríamos que la herida necesita cuidados. Pero al ritmo de la lucha, ésta continuaría. Vemos que la expresión facial de la persona pasa lentamente del miedo al modo de protección. Por último, su expresión facial se transforma en ira en un estado de defensa, y el puño retrocederá en represalia.

La defensa es la respuesta. Es la respuesta a ser herido y tratar de defenderse. Aunque puede parecer una acción productiva, la defensa no es una acción, es una reacción. ¿A qué? Al dolor y al miedo.

INSTINTO MATERNAL FEROZ

Al igual que en las etapas anteriores, existe una razón y un propósito válidos para defendernos. Como una reserva de superfuerza y adrenalina a la que podemos recurrir cuando es necesario, tiene el poder de destruir para salvar. De hecho, se suele decir: "La fuerza más poderosa de la naturaleza es una madre protegiendo a sus crías". Si sus cachorros, o niños pequeños están en peligro, no se lo pensará dos veces. Como un cordón que une su corazón al de cada uno de ellos, irá más allá del tiempo para protegerlos y defenderlos a toda costa, aunque tenga que matar.

La realidad es que todos llevamos dentro esa fuerza poderosa y ese instinto profundo de proteger lo que amamos y nos importa. Lo más probable es que conozcas bien este fuego. Es probable que alguna vez hayas recurrido a él y te hayas mostrado feroz, agresivo y enfadado. Aunque muchas de esas veces hayas reaccionado con una agresividad innecesaria, te movía el impulso de proteger lo que amas y te importa: tu corazón herido. Como si cuidaras de un niño pequeño y vulnerable, te preocupaste por la seguridad y el bienestar de tu tierno ser e hiciste lo que pudiste para protegerlo cuando estuvo en peligro.

Todos podemos despertar esa fuerza interior que nos hace valientes y fuertes. Pero aquí está el truco: no siempre es necesario. Sí, hay momentos en los que necesitas salvar vidas de forma constructiva, pero lo más probable es que en realidad no necesites utilizar esta fuerza ardiente cada vez que la vida te presenta un obstáculo frustrante o una persona desafiante con la que lidiar. La única razón por la que puedes reaccionar de forma agresiva y defensiva es porque en realidad estás desconectado de lo que intentas proteger (tu corazón) y reaccionas inconscientemente por ello. Imaginemos que alguien te dice algo hiriente o poco amable. A menos que estés en un estado consciente y presente, podrías reaccionar impulsivamente con un torrente de emociones automáticas y empezar a defenderte diciendo o haciendo algo fuerte, agresivo e hiriente. Como te sientes en peligro y bajo amenaza, reaccionas con rapidez. Aunque estés mucho más seguro de lo que crees, te sentirás desencadenado y abrumado, reaccionando como si tuvieras que defender tu vida. En realidad, el estrés, el dolor y el malestar ya residen dentro de ti.

Por el contrario, si te permites reconectar con tu corazón y atender el dolor interno para sanar esas heridas, es probable que sufras mucho menos. También serás más capaz de permanecer presente y conectado con tus sentimientos genuinos cuando te encuentres en una situación problemática, peligrosa o desafiante. Entonces, podrás utilizar esta fuerza de forma constructiva para actuar (en lugar de reaccionar) y proteger lo que amas cuando sea necesario.

Es importante entender la diferencia entre cuando estamos

realmente amenazados y necesitamos actuar conscientemente, y cuando estamos atrapados en un ciclo de nuestro propio dolor interno y reacciones inconscientes.

LA DUREZA DEL JUICIO

Por eso, cuando nos duele por dentro, es posible que actuemos de forma agresiva, destructiva y poco constructiva. Como estamos en un estado insensibilizado e inconsciente, nuestra mente no está clara y nuestras acciones a menudo reflejan esa inconsciencia. Una forma en que tendemos a hacerlo es a través del *juicio*.

El juicio es una forma de abuso, y es profundamente destructivo. Como a menudo ocurre tras las puertas cerradas de nuestros pensamientos, puede estar tan oculto como las heridas de nuestro interior. Y como hay una fuerte corriente de dolor y miedo dentro de nosotros cuando estamos en un estado defensivo, podemos fácilmente sentirnos como una víctima cuyas acciones de juicio están justificadas por nuestro dolor, independientemente de si la persona o cosa que estamos juzgando tiene algo que ver con ese dolor. Por ejemplo, ¿cuántas veces has expresado casualmente una opinión o conclusión firme sobre otra persona? ¿Fue por su forma de hablar o de vestir? ¿Invertían sus creencias y esperanzas en un líder con el que no estabas de acuerdo? ¿Qué desencadenó que te sintieras lo suficientemente protector, defensivo y agresivo como para que merecieran un castigo?

Lo más probable es que tus sentimientos defensivos tengan menos que ver con la otra persona y más contigo. Probablemente, lo que realmente ocurre es que tus necesidades no están siendo satisfechas y estás dolido. Por lo tanto, tu reacción de juicio proviene de tu propio estado de inconsciencia, protección y defensa. Al pensar o desahogar juicios hacia otra persona, no estás sirviendo a nada excepto a tu propia necesidad de alivio de tu dolor reprimido. Causar dolor a otra persona proporciona una sensación de liberación extrañamente satisfactoria (aunque disfuncional). El problema es que, aunque no podamos oírnos, podemos sentirnos. Podemos intuir lo que los demás piensan de nosotros y sentir los pensamientos crueles de los demás. Si fuéramos todos androides separados que no tuvieran la capacidad de sentir, entonces éste no sería el caso.

Sin embargo, no somos robots (afortunadamente): somos criaturas tiernas, que respiran, sienten, son sensibles y se preocupan por los demás. Nuestros pensamientos, palabras y acciones son percibidos por los demás a través de la intuición, la percepción y la conciencia. Aunque muchos de nosotros estamos insensibilizados, nunca lo estamos del todo. Mientras estemos vivos, podemos sentir y eso es bueno. Es algo que queremos alimentar en nosotros y en los demás, no destruir.

¿Alguna vez has sentido o dicho algo enjuiciante a alguien?
¿Te imaginas que ese juicio puede haber sido perjudicial
para esa persona?

AUTOJUICIO

¿Qué ocurre cuando eres tú quien te juzga? Lo mismo: daño, angustia y perjuicio.

Cuando nos menospreciamos, hacemos comentarios negativos, nos avergonzamos de nosotros mismos y creamos estándares poco realistas que cumplir, creamos dolor, miedo y desconfianza en nuestro interior. Creamos el diálogo interno de: "No soy lo bastante bueno y merezco luchar y sufrir". Esto genera sentimientos de miedo, inseguridad y confusión.

Nos maltratamos a nosotros mismos y, a cambio, nos sentimos a la defensiva y protectores. Creamos abrasiones emocionales autoinfligidas. Como resultado, experimentamos la división del yo. Rompemos y dividimos nuestros corazones heridos, todo ello justificado a través del filtro de "merezco sufrir".

¿Por qué querríamos o elegiríamos causarnos más dolor y daño?

Lo interesante y desafortunado de estar en un estado inconsciente es que no pensamos ni actuamos con intención. Simplemente deambulamos por la vida, abrumados por el dolor que resuena en nuestro interior, asociando inconscientemente ese dolor con lo que nos rodea y reaccionando continuamente ante él. Estamos dolidos, asustados y agitando los puños en todas direcciones, incluso contra nosotros mismos. Repetimos un ciclo de sentirnos heridos, y luego creamos más daño en nuestro interior.

Esto de ser el abusador y el receptor es muy problemático y confuso. Nos enredamos en una maraña de inseguridad, frustración, ira, vergüenza, incertidumbre y temor. Muy fácilmente nos sentimos inseguros de quiénes somos o cómo nos sentimos. Con ello, desconfiamos de nosotros mismos y tenemos miedo de estar solos en presencia de nosotros mismos. Por eso muchos de nosotros nos sentimos inquietos e incómodos en entornos de quietud, silencio y meditación. No porque no lo apreciemos, sino porque nos quedamos a solas con el agresor y nos sentimos amenazados por palabras, pensamientos y juicios hirientes.

Lamentablemente, este autojuicio y el abuso verbal pueden hacer que el camino de la sanación sea muy difícil. El estado de sufrimiento es un agujero profundo que requiere cada gramo de nuestro ser para salir de él. Si nos obligamos a agacharnos y a llevar la pesada mochila de la vergüenza, es mucho más difícil subir y salir del sufrimiento. Para sentirnos inspirados y listos para empezar a sanarnos, es esencial que nos sintamos seguros y confiados. Si nos estamos atacando y pateando constantemente, ¿cómo vamos a volver a levantarnos?

Tenemos que romper el ciclo del abuso y reconocer nuestra participación en él. Tenemos que infundir en nuestro inconsciente la percatación de que la destrucción es innecesaria, y darnos permiso para elevarnos de nuevo a la luz de nuestra verdadera naturaleza.

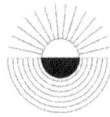

¿Te juzgas de vez en cuando?
¿Qué tipo de cosas te dices a ti mismo?
¿Cómo te hacen sentir?

LA SUPERVIVENCIA DE LA COMPETENCIA

La competición es algo que muchos seres experimentan y en lo que participan de forma natural. Ya se trate de la rivalidad entre hermanos por la atención de un padre, de dos perros que luchan por la comida o de una planta que compite con el bosque por la luz del sol, la competición deriva de la necesidad de garantizar la vida, la seguridad y la protección.

Si es una experiencia tan natural y normal, ¿por qué tenemos que hablar de ella en el contexto de la defensa? Pues bien, dentro del impulso instintivo de la competición, a menudo hay una sensación de inseguridad y escasez: *no hay suficiente* comida, *no hay suficiente* agua, *no hay suficiente* luz... *no hay suficiente*. Desde ese espacio de necesidad, podemos volvernos protectores y defensivos para guardar nuestros recursos.

En lugar de competir por las necesidades de comida y luz, la mayoría de nosotros entramos en el mismo nivel de supervivencia defensiva por cosas como el dinero, los objetivos profesionales, los amantes, la atención, el afecto, la notoriedad, etc. Competimos, luchamos e incluso nos ponemos a la defensiva. Competimos, nos esforzamos e incluso luchamos por el éxito y los logros como si nuestras vidas dependieran de ello.

¿Por qué competimos? Normalmente, nos esforzamos por satisfacer nuestras necesidades insatisfechas de atención, respeto, reconocimiento y la sensación de seguridad que se adquiere con esas cosas. Tanto si competimos con los demás como con nosotros mismos, suele haber un mensaje subyacente en nuestra naturaleza competitiva que dice: "Si yo tengo éxito, me sentiré respetado y digno, lo que me ayudará a sentirme seguro y contento".

También es posible que lo que impulsa la necesidad de triunfar sea una herida del pasado. Tal vez te criaste con poco dinero, por lo que tu impulso competitivo está influenciado por la inseguridad o la inadecuación por no tener lo suficiente. Si te sientes identificado con esta competición interna que se siente como supervivencia, es comprensible. Hemos sido entrenados por nuestra cultura a través de los deportes, los concursos de talentos, los programas de televisión, las pruebas escolares, los clubes, las universidades, las promociones profesionales y las industrias altamente competitivas para estar en un estado constante de competencia y supervivencia.

Nos han adoctrinado para que pensemos que lo que somos y lo que tenemos no es suficiente; que siempre hay algo fuera de nosotros que necesitamos para sentirnos plenos y exitosos: una cosa, una persona, un estatus social, un logro. Cuando nos esforzamos por conseguir eso, percibimos que otra persona tiene más o está aparentemente por delante de nosotros, y sentimos envidia.

Pero, ¿qué tiene que ver la cuenta bancaria de otro con nuestro dolor? Si estamos necesitados y sentimos que no tenemos lo suficiente (éxito financiero, belleza, atención), nos protegemos para salvaguardar aquello de lo que creemos que no tenemos suficiente. Y si vemos o percibimos que alguien tiene lo que creemos que nos falta, nos ponemos a la defensiva para asegurarnos de tener lo suficiente.

A menudo, aquello de lo que sentimos celos (dinero, belleza, atención, un amante) son símbolos de seguridad y protección. Si tenemos dinero, podemos permitirnos lo que queramos, incluida la atención médica, un techo y el alivio tranquilizador del lujo. Nos sentimos cuidados, seguros. Si obtenemos belleza física, somos más admirados y tenemos la seguridad de que somos valiosos; nos sentimos seguros. Si tenemos un amante que nos aprecia, nos sentimos vistos, importantes y queridos. Entonces, ¿qué ocurre si nuestro amante está al otro lado de la habitación en la fiesta, hablando con otra persona? Sentimos miedo. Nos sentimos protectores.

Sentimos la necesidad de defender y conservar nuestra línea vital de seguridad y protección, lo que necesitamos desesperadamente para sentirnos plenos y satisfechos.

Podemos empezar a ser defensivos, agresivos, pasivo-agresivos o competitivos, todo porque no nos sentimos lo suficientemente seguros o confiados en nosotros mismos. Estamos asustados, dolidos y buscamos fuera de nosotros algo o alguien que nos proporcione un alivio temporal y tranquilizador del dolor interior.

El problema es que la sensación de seguridad no viene de fuera, sino de dentro. Viene del trabajo sincero de ser valientemente honesto con uno mismo y de construir una fuerte relación de confianza y conexión interior.

Admirar algo bello y observar los logros de otra persona es

una parte natural y ordinaria de estar vivo. Sin embargo, cuando nuestra admiración se convierte en celos, ese anhelo habla a través de la inconsciencia, el dolor y la inseguridad. En esos momentos, estamos reaccionando desde el miedo, no desde el amor.

¿Has sentido alguna vez celos de otra persona?
¿Recuerdas haber sentido un miedo subyacente a perder
algo o a no tener lo suficiente?
¿Qué sentías que te faltaba?
¿Qué temías perder?

EL FUEGO DE LA IRA

AL IGUAL QUE OTRAS FORMAS DE defensa, la ira es una respuesta natural para defender y proteger lo que amamos. Para algunos, puede resultar misteriosa, extraña e indeseable, por lo que hacemos todo lo posible por negarla. Aunque alguien puede sentirse enfadado (molesto o disgustado) sin ser activamente agresivo, puede seguir siendo un sentimiento y un estado que evitamos.

Dicho esto, muchos de nosotros nos enfadamos mucho. Aunque el dolor y el miedo estén en la raíz del enfado, a menudo es más cómodo (y culturalmente aceptado) estar enfadado que sentir las expresiones vulnerables que eso esconde, como la tristeza y el dolor. Por ese motivo, la ira es algo que podemos utilizar con frecuencia para disfrazar y evitar nuestro dolor más profundo e íntimo. Y como a menudo se produce cuando estamos desconectados de nuestro corazón, es probable que ni siquiera sintamos la pena y el dolor subyacentes porque estamos muy inmersos en su experiencia inconsciente.

Cuando estamos enfadados, estamos llenos de un fuego que puede herir fácilmente a los demás y dañarnos a nosotros mismos. La ira florece en el reino de la inconsciencia, por lo que puede apoderarse rápidamente de nuestro cuerpo de formas que no somos capaces de controlar. Si nos enfadamos continuamente a lo largo de nuestra vida, el estrés debilita el sistema inmunológico de nuestro cuerpo y aumenta el riesgo de sufrir derrames cerebrales, infartos y enfermedades cardiacas. Esencialmente, la ira nos quema por dentro.

Dado que gran parte de la ira se produce sin que seamos conscientes de ello, es fácil que desemboque en palabras y acciones destructivas de las que luego nos avergonzamos y arrepentimos. La realidad es que, cuando reaccionamos con ira, no estamos actuando, sino reaccionando. En el momento, puede que nos sintamos con poder y control, pero no es así. Sin la capacidad de pensar con claridad, perdemos la capacidad de actuar conscientemente. En lugar de actuar conscientemente, respondemos y reaccionamos de forma inconsciente. Así como la verdadera fuerza proviene de estar plenamente presentes en nuestro cuerpo y en nuestro corazón, la ira a menudo nos quita poder en lugar de fortalecernos.

¿Recuerdas alguna experiencia de tu vida en la que te insensibilizaras y reaccionaras con ira? ¿Cómo te sentiste por el episodio cuando recuperaste la cordura?

LA LENTA COMBUSTIÓN DE LA AGRESIVIDAD PASIVA

Mientras que algunas personas son agresivas por fuera y tienen tendencia a pelear, otras se cierran emocionalmente y van más hacia la evasión y la huida. Puede que no nos sintamos seguros al alzar la voz o que no esté bien mostrar enfado. Tal vez no queremos perder el control o montar una escena que nos lleve a ser temidos, juzgados o a recibir una atención indeseada (ya que nos hace sentir expuestos y vulnerables). En lugar de eso, nos silenciamos y nos tragamos nuestras emociones acaloradas.

Muchas personas no se dan cuenta de que aún somos capaces de ser destructivos y abusivos sin mostrar signos físicos de agresión. Esta defensa oculta puede manifestarse a través de la irritación, el resentimiento, el juicio y la agresividad pasiva. La agresión pasiva es cuando sentimos el mismo nivel de disgusto y dolor, pero desviamos esos sentimientos a través del sarcasmo, la terquedad o la hostilidad indirecta. Aunque no parezca agresión, lo es. Y puede causar tanto daño como un comportamiento físicamente agresivo.

Por desgracia, cuando liberamos nuestro dolor a través de la agresión pasiva, puede ser extremadamente perjudicial para nuestra salud, crecimiento y desarrollo. Y debido a que el comportamiento agresivo pasivo se muestra tanto a través de una máscara potencialmente sonriente o si nos mostramos inexpresivos (en lugar de asustados y enfadados), es posible que justifiquemos el comportamiento en nosotros mismos o que nos cueste identificarlo en los demás. Esto hace que el proceso de sanación sea más difícil, porque para cambiar algo, tenemos que saber que es necesario cambiarlo, y para saber que es necesario cambiarlo, tenemos que reconocer conscientemente que está ocurriendo.

A menos que nos atemos a la conciencia de la herida palpitante y el corazón dolorido bajo la máscara, podemos asociarnos a nosotros mismos o a los demás con ser hirientes, mezquinos o crueles, y no comprender el dolor más profundo y la compasión que se requieren para perdonar.

Con el tiempo, al realizar el profundo e importante trabajo de fortalecer la autoconciencia y tomar medidas para satisfacer tus necesidades, encontrarás formas más constructivas y conscientes de atender el dolor interior, en lugar de defenderte agresivamente cuando estás herido.

7.
SUFRIMIENTO

*Experimentar dolor, tristeza y pérdida continuos;
sentirse atrapado, solo o perdido.*

EL SUFRIMIENTO PUEDE SER COMO estar perdido en un bosque inmenso y oscuro en el que no hay mapas ni señales que guíen el camino, solo muros interminables y desconcertantes de maleza cegadora y arbustos espinosos por todos lados.

En esta etapa de sufrimiento, nuestra necesidad de defendernos se combina con la neblina de la inconsciencia, y nuestra ira tiene la capacidad de entrar en espiral y descender a reinos de odio. Antes, puede que nos encontráramos al calor de la ira de vez en cuando, pero cuando estamos tan perdidos y desconectados de nosotros mismos, llevamos esa antorcha de fuego en la mano, dispuestos a quemar cualquier cosa. Estamos resentidos y somos incapaces de perdonar.

Ejemplos de sentir SUFRIMIENTO:

- Perdido
- Atascado o atrapado
- Deprimido
- Arrepentido
- Compulsivo
- Resentido y culpable
- Indefenso
- Adicto y dependiente
- Odio hacia uno mismo o hacia los demás
- Falta de propósito
- Ideación suicida

Si repasamos la lista de heridas, muchas de esas experiencias generan sufrimiento. Cuando mueren nuestros seres queridos, quedamos instantáneamente destrozados e inmersos en un estado de profundo dolor y sufrimiento. En ese sentido, el sufrimiento es algo que podemos experimentar desde el momento en que se produce la herida hasta la progresión del dolor. Pero ¿en qué se diferencia este lugar de sufrimiento? ¿Por qué se denomina "sufrimiento" a la etapa final cuando podríamos haber estado sufriendo todo el tiempo?

Pues bien, esta etapa final se produce cuando entramos en un estado prolongado de evitación y sufrimiento. Es cuando las puertas de la jaula se han oxidado y nos resulta más difícil salir. Nos quedamos atrapados en la jaula. En lugar de ser plenamente nosotros mismos (el ser sagrado, consciente y lleno de luz), nos convertimos en la historia de lo que creemos que somos: el ego, la persona que sufre.

La narración sonaría así:

CORAZÓN: *Estoy aquí, experimentando la vida.*
HERIDA: *¡Ay! Eso duele.*
DOLOR: *No me siento bien. Me duele.*
NECESIDAD: *Me duele y tengo miedo. Necesito sanación.*
PROTECCIÓN: *Mis necesidades no están cubiertas. Me protegeré intentando no sentir el dolor.*
DEFENSA: *Para evitar sentir más dolor, lucharé para protegerme.*
SUFRIMIENTO: *Me siento perdido, solo y atascado.*

ATRAPADO EN UN PATRÓN DE EVITACIÓN

PARA MUCHOS DE NOSOTROS, SENTIRNOS perdidos y atascados es nuestra experiencia normal de la vida. Puede que seamos capaces de mantener un trabajo o una relación (o no), pero bajo la superficie de nuestras rutinas cotidianas hay sentimientos profundos y sostenidos de desconexión incertidumbre, inseguridad y aprisionamiento. Y, como llevamos tanto tiempo haciéndolo, puede que ni siquiera nos demos cuenta de lo desconectados que estamos.

De hecho, estos sentimientos de profunda desconexión y sufrimiento son a menudo el resultado directo de *una evitación prolongada*. Esto ocurre cuando hemos pasado meses, años o incluso décadas desconectándonos de los recuerdos, las heridas, el dolor y los verdaderos sentimientos que llevamos dentro.

Al evitar las cosas que no quieres mirar y centrarte solo en las que sí quieres, creas un camino mental muy estrecho lleno de bloqueos, barreras y señales de "no entrar". Esto también puede describirse como "negación", y te deja con una visibilidad muy estrecha y una capacidad de pensamiento limitada. Si te has entrenado a ti mismo para no ir *por aquí, por allá o detrás de aquí*, no tienes mucho espacio con el que trabajar y puedes sentirte fácilmente restringido y atrapado. Esencialmente, te quedas atrapado en un patrón habitual de dar la espalda y, como resultado, tu vida se siente estancada.

Como nos resistimos a mirar dentro de nosotros mismos nuestras propias heridas y dolor, podemos asociar los sentimientos de limitación y atrapamiento con nuestras relaciones, trabajos, pasiones, etcétera. Aunque nos resulte más cómodo enfocar el problema fuera de nosotros mismos, esto solo nos separa de experimentar una conexión sana con los demás, lo que ralentiza el proceso de sanación.

Cuando evitas algo, le das la espalda y te escondes de ello. En cierto modo, te estás diciendo a ti mismo que es más poderoso que tú y que no eres lo bastante fuerte para manejarlo o superarlo. Este diálogo interior genera un sentimiento de debilidad y miedo que acentúa tu inseguridad y falta de autoestima, y te lleva a intensificar tus sentimientos de vergüenza.

Aunque la evitación es algo que inicialmente empezamos a hacer para protegernos, poco a poco florece y se convierte en una carga excesiva y tóxica que resulta difícil de mantener. Como un jardín que se deja sin tocar durante años, puede volverse rebelde y descontrolada, apoderándose de nuestra psique y dejándonos en un estado de sufrimiento. La buena noticia es que cualquier malestar que sientas en tu vida en este momento puede disminuir drásticamente simplemente enfrentándote a la evitación y superándola.

¿Se te ocurre algún sentimiento, emoción o necesidad que puedas estar evitando mirar y sentir?

LA OLA DE LA COMPULSIÓN

UNA FORMA DE EXPERIMENTAR EL estado de sufrimiento de la inconsciencia es el comportamiento compulsivo. Compulsivo significa actuar a partir de un impulso y una necesidad irresistibles sin tener conciencia de ello; actuar sin pensar.

Aunque podemos asociar el comportamiento compulsivo con alguien que es adicto o que no está bien psicológicamente, la realidad es que muchos de nosotros vivimos en un estado compulsivo. Revisamos compulsivamente nuestros teléfonos, correos electrónicos y mensajes de texto. Nos llevamos compulsivamente algo a la boca cuando tenemos hambre. Reaccionamos compulsivamente con emociones y palabras a lo que hacen y dicen los demás.

También somos pensadores compulsivos. Estamos constantemente bombardeados por un flujo constante de preocupaciones automáticas, inquietudes, pensamientos y narrativas de necesidad, distracción y defensa. Estos pensamientos circulan por nuestra mente continuamente, sin que decidamos conscientemente si esos pensamientos son genuinamente deseados o nos están sirviendo.

Espera... pensar es bueno, ¿verdad? Bueno, hay una gran diferencia entre el pensamiento constructivo y consciente, y el pensamiento compulsivo e inconsciente.

A veces, como cuando intentas dormir, tu mente no puede dejar de pensar. Automáticamente estás haciendo algo sin poder parar. Aunque todos los pensamientos son válidos e importantes, ocurren por sí solos, sin tu intención consciente, consentimiento o control.

Es en este lugar de compulsividad donde ya no estamos viviendo nuestras vidas, y todo parece estar sucediéndonos. Somos simples espectadores de la experiencia vital, arrastrados por las olas. En lugar de ser fuertes y decidir lo que queremos pensar y decir y cómo queremos sentirnos, nos sentimos impotentes. No controlamos nuestros pensamientos ni nuestras emociones. Simplemente nos dejamos arrastrar por la corriente de lo que está ocurriendo y esperamos a saber qué ocurrirá a continuación.

EL CICLO DE LA ADICCIÓN

Si puedes identificarte con la compulsión, quizá puedas identificarte con la adicción. Creo que la adicción es uno de los obstáculos más difíciles de superar para los seres humanos, ya sea el alcohol, la comida, las redes sociales, los orgasmos, el dinero, el trabajo o los opiáceos.

Quizá empecemos deseando cualquier cosa que nos proporcione una sensación de alivio, pero muy pronto ese deseo se convierte en necesidad y, antes de que nos demos cuenta, perdemos nuestra fuerza de voluntad y nuestra conciencia. Nos volvemos cada vez más compulsivos y dependientes de aquello que nos ofrece un alivio temporal de las capas más profundas del dolor que no nos sentimos cómodos mirando.

La cosa que nos proporciona una sensación de consuelo y conexión se convierte en una especie de amigo, o el paquete familiar que anhelamos para sentirnos conectados y seguros en nuestro interior. Pero como nuestras acciones proceden de un lugar de miedo y evasión, nuestros corazones están cerrados. En realidad, no podemos acceder a la experiencia genuina de conexión y consuelo que necesitamos porque estamos insensibilizados por la jaula. Por lo tanto, lo que obtenemos de la experiencia es solo un estímulo temporal, y eso nos lleva a sentirnos más vacíos, hambrientos, solos y necesitados.

Mientras que el hambre emocional es la incómoda sensación de hambre causada por el dolor original de la herida, la adicción añade otra capa de complejidad. Antes sentías dolor y necesitabas apoyo, pero ahora sientes dolor, necesitas apoyo y transfieres activamente esa necesidad (de consuelo, seguridad o conexión) a aquello a lo que eres adicto. Y como estamos tan conectados con el despliegue sagrado de patrones y ciclos (sueño, digestión, menstruación, etc.), podemos quedar atrapados fácilmente en estos ciclos. Lo que originalmente apareció como un salvador puede convertirnos gradualmente en esclavos.

La progresión de la adicción suele ser algo así:

1. Experimentamos una herida.

2. Sentimos el dolor y el malestar de la herida.

3. No recibimos los cuidados y el consuelo adecuados para

el dolor.

4. Nuestros sentimientos internos de hambre, anhelo y ansiedad se intensifican.

5. No nos ocupamos de la herida, por lo que el dolor continúa y el anhelo aumenta.

6. Descubrimos una sustancia o un compromiso externos que nos proporcionan alivio y nos distraen del dolor.

7. Desarrollamos un sentimiento de dependencia de la sustancia que sigue proporcionándonos alivio.

8. La dependencia pasa a ser inconsciente y dominante.

9. El ciclo continúa y nos quedamos atrapados.

Por desgracia, en ninguno de estos pasos miramos la herida para comprender de dónde procede el dolor ni accedemos a formas constructivas de conexión, liberación, consuelo y amor para satisfacer nuestras necesidades y sanar.

De hecho, solo nos distraen de donde reside la verdadera sanación: en nuestro interior.

Si sufres una adicción, debes saber que no estás solo. En algún lugar de tu interior hay un ser inocente y poderoso que merece ser abrazado, perdonado y amado incondicionalmente. Oculto bajo el dolor y la herida está tu verdadero yo, y a través del importante trabajo que estás haciendo ahora mismo, te estás acercando a ver la verdad y a redescubrir el increíble y poderoso ser que eres tú.

¿Te has enfrentado alguna vez a una adicción? ¿Sientes actualmente una necesidad compulsiva o dependencia de algo en tu vida?

LA NUBE DE LA DEPRESIÓN

Otro estado en el que podemos caer con el sufrimiento es la depresión. Se trata de un estado prolongado de tristeza, melancolía y abatimiento. A menudo va de la mano de la adicción, pero no hace falta ser adicto para sufrir depresión. De hecho, se dice que alrededor de 264 millones de personas en todo el mundo sufren depresión. Para algunos, la depresión se ve influenciada por un dolor duradero derivado de una situación concreta, como una muerte o una pérdida. Esto puede provocar los nubarrones de la depresión, que se ciernen durante días, semanas o incluso años. Para otras personas, puede estar provocada por años de heridas y necesidades insatisfechas que se han ido acumulando con el tiempo. A veces, nuestros sentidos pueden bloquearse tanto que ya no sentimos tristeza, porque ya no sentimos, solo estamos suspendidos en un estado de apatía.

Una de las cosas más desafiantes de la nube de depresión es que cuando estamos bajo ella, a menudo nos sentimos muy solos y alienados. Como esa pesada manta o nube de tormenta es invisible, podemos parecer y actuar aparentemente bien, pero por dentro estamos luchando y sufriendo. A menos que haya alguien con quien te sientas realmente cómodo siendo honesto y que realmente entienda lo que sientes, tu depresión puede ser fácilmente malinterpretada y despreciada

La realidad es que, si estamos en un estado de depresión, es probable que haya heridas no resueltas y emociones ocultas que no tienen una salida segura y adecuada para ser comprendidas, apoyadas y liberadas de manera constructiva. Desafortunadamente, debido a que nuestra cultura tiene tal aversión a la expresión de tristeza (*¡todos, sonrían y parezcan felices!*), la depresión a menudo se pasa por alto, se evita y se descuida.

Has luchado alguna vez contra la depresión?
¿Qué sientes cuando estás deprimido?

LA RAMA ROTA

CUANDO NOS SENTIMOS DEPRIMIDOS, juzgados, defraudados y abandonados suficientes veces en nuestra vida, podemos perder fácilmente la apreciación de nuestro valor individual. Muchos nos sentimos poco queridos, sin talento e indignos, como si no tuviéramos nada importante que ofrecer a los demás o que aportar al mundo. Como una rama rota de un árbol, perdemos nuestra fuerza vital y olvidamos nuestro lugar necesario dentro de la comunidad expansiva de la vida en la Tierra.

En esta situación, la gente dice naturalmente "no estás solo", pero con más de 7.800 millones de personas en el mundo ahora mismo, imagino que eres plenamente consciente de que no estás solo. Sin embargo, de alguna manera, incluso con una masa de seres humanos rodeándote en todas direcciones, puedes seguir sintiéndote extremadamente aislado y solo, como si nadie te entendiera y a nadie le importaras.

La verdad es que, aunque todo el mundo ha pasado por un trauma y todo el mundo ha experimentado dolor, es probable que la gente no sepa por lo que estás pasando o que necesitas ayuda. ¿Por qué? Porque la mayoría de nosotros estamos tan atrapados en la batalla constante de la vida que no estamos presentes. Estamos demasiado absortos en nuestras propias historias, nuestros propios problemas y nuestros propios asuntos como para realmente sentir, comprender y preocuparnos por lo que otra persona está pasando.

Estamos sufriendo y tratando desesperadamente de sobrevivir lo mejor que podemos.

En el fondo, nos importa, pero como somos tan inconscientes, hemos olvidado cómo acceder a nuestra ternura y nos hemos vuelto descuidados. También es posible que nunca te hayas sentido lo suficientemente seguro como para comunicar con sinceridad lo más profundo de lo que estás viviendo. Ya es bastante difícil saber lo que te pasa por dentro, y más aún encontrar la forma de describírselo con palabras a los demás. También es posible que en esos momentos en los que te armaste de valor para hablar abiertamente con alguien, puede que no haya tenido las habilidades, el deseo o la presencia para apoyarte.

Por eso, cuando te sientes perdido y solo, cuando te cuestionas la vida, puede que no recibas la atención y el apoyo que necesitas, y por eso puedes sentirte poco importante y poco querido.

Si este es tu caso, debes saber que no estás solo. A través del proceso gradual de convertirte en un amigo mejor, más atento y más cariñoso contigo mismo (en los próximos capítulos), puede que experimentes la sanación que has estado buscando. La sanación que necesitas y mereces.

¿Alguna vez te has sentido perdido e incapaz de comprender el propósito de tu vida?
¿Recuerdas alguna experiencia dolorosa a lo largo de tu vida que haya contribuido a este sentimiento de no ser suficiente o falta de pertenencia?

LA TORMENTA DE VIOLENCIA Y ODIO

Cuando llegamos a este punto de pérdida y desconexión profunda con nuestro corazón, nuestra inmersión en la inconsciencia puede volverse peligrosa. En lugar de ser sensibles, abiertos y cariñosos (como es nuestra naturaleza), podemos reprimir nuestro dolor y enfadarnos de forma antinatural y llenarnos de odio. Y este odio puede convertirse gradualmente en violencia.

Aunque muchos de nosotros nos vemos afectados por el impacto negativo del odio y la violencia, parece que las mujeres son las que más lo sufren.

De hecho, la violencia y los abusos contra las mujeres son un problema que se da en todo el mundo y en todos los países. Por ejemplo, una de cada tres mujeres es maltratada por un hombre a lo largo de su vida en todo el mundo.

Muchos dirán que los hombres son más violentos. De hecho, hay pruebas sólidas e investigaciones que revelan que los hombres tienen una composición hormonal diferente y son más agresivos por naturaleza. Sin embargo, también hay pruebas contundentes e investigaciones que demuestran que la violencia también tiene mucho que ver con cómo se cría y educa (o no) a una persona.

Si a un niño se le enseña y se le entrena para que no llore ni muestre sus emociones, ¿cuántos muros construye en su interior que le impiden escuchar a su corazón y a la conciencia que habla desde él? Si se le enseña continuamente a expresar esas emociones bloqueadas a través de la ira y el odio, ¿cuánto más probable es que entre en un estado inconsciente cuando está herido y libere esa ternura retenida a través de la violencia y la rabia? Bastante probable.

De hecho, hay muchas mujeres en el mundo que son abusivas, violentas y destructivas con su ira. Definitivamente, no son solo los hombres. De hecho, muchos de nosotros necesitamos apoyo para superar nuestros problemas con la madre, no con el padre, y fueron las mujeres de nuestras vidas las que causaron las heridas, no los hombres. La verdad es que los hombres también están heridos.

La destrucción causada por la violencia afecta a personas de todas las edades, sexos y razas. Ocurre en todos los países del mundo y lleva ocurriendo mucho, mucho tiempo. La violencia y el odio son un problema *sistémico* mundial.

¿Alguna vez has sentido odio por alguien o por algo?
¿Ese odio te ha llevado a hacer o decir algo violento
o destructivo?
¿Cómo te sentiste después?

UN MUNDO QUE SUFRE

Por desgarrador y trágico que sea, casi todos participamos en estas formas de vida inconscientes y destructivas. Con los ojos cerrados y los oídos tapados, dañamos nuestros cuerpos, dañamos a los animales, dañamos a los árboles, dañamos a las abejas, dañamos a la tierra y nos dañamos unos a otros. Como hemos estado atrapados en este ciclo de experimentar dolor, cerrar nuestros corazones y causar más dolor, nos hemos sentido cómodos entendiendo esto como una forma de vida. Y lo hemos estado haciendo durante cientos y *miles* de años.

Es aquí, en este espacio de inconsciencia severa, donde nos convertimos en parte de la inconsciencia colectiva. Nos convertimos en parte del gran problema del sufrimiento. Puede que no estés implicado activamente en herir físicamente a alguien, pero ¿cuántas veces tus heridas no sanadas te han llevado a estar tan distraído, tan ensimismado y tan a la defensiva que, por descuido, has causado más dolor, más vergüenza y más sufrimiento en el mundo?

¿Qué se siente al considerarlo? ¿Qué se siente al saber que tú, yo y miles de millones de personas estamos tan perdidos en nuestro dolor que estamos contribuyendo activamente al doloroso desastre en el que se encuentra nuestro mundo en este momento?

Es desgarrador y desalentador pensar en ello. Sin embargo, tenemos que pensar en ello. Tenemos que enfrentarnos con valentía a nuestra evasión y ver en qué aspectos nuestro corazón cerrado está contribuyendo a el dolor mayor. Tenemos que mirar conscientemente dónde nuestra propia *inconsciencia* forma parte del problema mayor.

De lo contrario, seguiremos perdidos y atrapados dentro de la jaula, aumentando el sufrimiento del mundo, y no nos lo merecemos. No merecemos sufrir y tampoco ninguno de los animales, árboles, plantas e insectos que están sufriendo a causa de nuestra inconsciencia. Cada uno de nosotros merece algo mejor. Todos merecemos sentirnos seguros, cuidados y en paz interiormente. Todos merecemos tener poder en nuestros corazones y estar libres de este sufrimiento.

◆

Ahora que abandonamos el terreno de la comprensión
de por qué nos separamos de nosotros mismos, demos
la vuelta a las cosas y entremos en el terreno de cómo
volver a casa con nosotros mismos.

◆

UN ATAJO POR EL BOSQUE

Reflexionando sobre el tiempo que hemos pasado juntos, hemos seguido un camino muy definido para llegar del corazón al sufrimiento. En cada una de las etapas, hemos pasado gradualmente de tener el corazón abierto a cerrarnos en un estado de protección y defensa.

Sin embargo, aunque la experiencia del sufrimiento ofrece mucho conocimiento y sabiduría, no necesitamos cerrar siempre nuestro corazón cuando nos sentimos incómodos. En lugar de pasar continuamente por los ciclos y etapas del sufrimiento y acabar encontrándonos encerrados en una jaula de desesperación una y otra vez, hay un atajo.

Si pensamos en los lugares en los que hemos estado y recorremos el camino que hemos seguido, recordaremos un momento muy destacado de nuestra exploración; un lugar significativo en el que todo se torció. Fue cuando entramos en la *evitación* y nos separamos de nuestros corazones. Fue el momento en que abandonamos la presencia, atravesamos el velo del ego y entramos en la inconsciencia dentro del estado de protección. Fue entonces cuando se levantaron los muros, se levantaron los escudos y se enterraron los sentimientos.

UN *ATAJO* HACIA
EL CORAZÓN EMPODERADO

–Entender las necesidades y conseguir satisfacerlas–

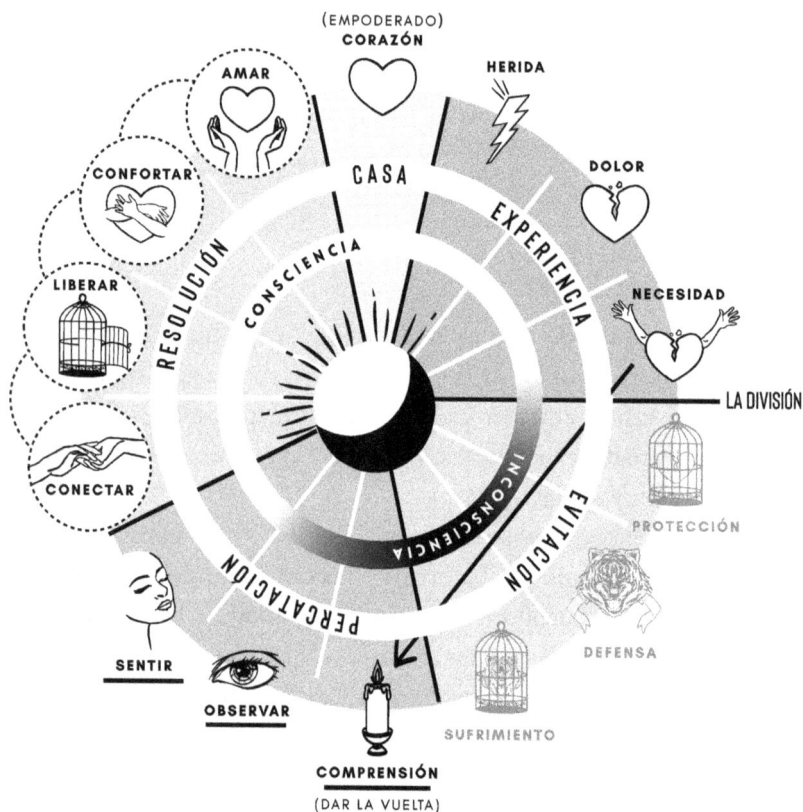

Fue entonces cuando te desconectaste de tu corazón, adormeciste tus sentimientos y comenzaste a viajar lejos de ti mismo. Si quieres emprender un nuevo camino que sea más fácil y saludable, tienes que volver a ese lugar y deshacer lo hecho. Tienes que encontrar el cruce y tomar una nueva ruta, guiándote hacia dentro en lugar de hacia fuera.

Si nos acercamos a nosotros mismos, en lugar de alejarnos, podemos permanecer abiertos, presentes y conscientes. Podemos navegar activamente el dolor y sanar las heridas. Podemos romper el patrón volviendo a la conciencia y crear una red de apoyo saludable para ayudarnos a nosotros mismos a volver a la presencia y al bienestar.

Para ello:

- Encontrar la herida y comprender las necesidades (**Observar y Sentir**)
- Satisfacer esas necesidades (**Conectar, Liberar, Reconfortar y Amar**)
- Volviendo a casa, al corazón (**Empoderados**)

Un nuevo camino

Dado que el viaje de la vida y la sanación es circular, también lo es el camino (y el diagrama) para el Corazón Empoderado. Aquí, en este punto intermedio, entrarás en un nuevo espacio y te moverás en una dirección completamente diferente. En lugar de alejarte de tu corazón, te moverás hacia él. En cierto modo, la primera parte del viaje te enseñó lo que necesitas saber para estar preparado para el verdadero viaje de sanación, que comienza ahora.

Mapa de los pasos

Aunque pasaremos de Observar a Sentir, no hay reglas ni normas establecidas sobre qué es lo primero. A veces, te beneficiará observar lo que ocurre a tu alrededor y preguntarte cómo te sientes. Otras veces, te sentirás inspirado para observar mejor lo que ocurre en función de cómo te sientes. Así que, aunque aprenderás un marco concreto a través del diagrama y el libro, adapta los pasos a lo que mejor se adapte a tu proceso personal.

Lo mismo ocurre con la satisfacción de tus necesidades. Mientras pasamos de Conectar a Liberar, a Confortar y luego a

Amar, es posible que pases de Sentir a Liberar y luego a Conectar. Déjate llevar. Te ofreceré varias herramientas de apoyo y depende completamente de ti cómo quieras utilizarlas.

Sin más preámbulos, ¡empecemos el camino hacia el empoderamiento!

Parte IV:
CONCIENCIA

*Esta es la fase de la honestidad necesaria, la atención a la verdad
y la rendición de cuentas. Esto requiere una confrontación consciente
con la evitación y la reconexión con la herida y el dolor originales.
Es aquí, en la fase de Toma de Conciencia, cuando alguien empieza
a salir de la inconsciencia y a entrar en la conciencia.*

8.
DARSE CUENTA

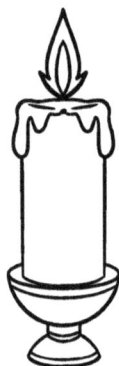

Tomar plena conciencia de algo.

Un día, en lugar de mantenerte constantemente estimulado, distraído y centrado en cualquier cosa menos en la verdad de lo que realmente está pasando, te sentirás preparado para hacer las cosas de otra manera. Estarás preparado para el cambio.

A menudo es así como la realización entra en nuestras vidas. La luz de la conciencia se abre paso a través de las nubes y, de repente, entendemos algo que antes no éramos capaces de comprender. Experimentamos una ráfaga de conciencia que cambia el curso de nuestra comprensión, dándonos la bienvenida a nuevas perspectivas y nuevas posibilidades. Por fin nos damos cuenta de que ya no queremos sufrir, y estamos listos para parar y dar la vuelta. Estamos listos para sanar y hacer lo que sea necesario para lograrlo.

Ejemplos de experimentar el ENTENDIMIENTO:

- El nacimiento de una nueva idea
- Un cambio de perspectiva
- La conciencia de algo previamente desconocido.
- Estar abierto a nuevos sentimientos y comprensiones.

Tanto si llega como un sutil y tenue susurro en la noche, como una sonora y estridente carcajada o un profundo y lastimero llanto, el momento de reconocer que "estoy preparado" será diferente para cada persona. Es posible que te sientas tan estresado y al límite de tu capacidad que este "estoy preparado" te llegue como último recurso. Si es así, es posible que te hayas hundido tanto hasta el fondo que no haya más remedio que subir. O puede que no sea el sufrimiento lo que te inspire a cambiar, sino el puro deseo de experimentar la libertad de estar vivo sin sufrimiento. En cualquier caso, estarás preparado para dejar de evitar el problema y empezar a afrontarlo.

Aunque hay muchos pasos importantes en el camino hacia la sanación, considero que éste es uno de los más importantes. Si no reconocemos que estamos preparados para el cambio, no tomaremos la iniciativa necesaria para hacerlo realidad.

A menudo vemos la imagen de una luz que se enciende cuando alguien se da cuenta de algo y, en muchos sentidos, eso es lo que se siente cuando uno se da cuenta de que está cansado de sufrir. Como si hubieras estado sentado en esa jaula oscura el tiempo suficiente, la luz de la conciencia es como una vela encendida dentro de ti. En ese momento, dices ya no tengo que hacer esto. No tengo que sufrir.

LOS BENEFICIOS OCULTOS DEL SUFRIMIENTO

A MEDIDA QUE TRANSFORMAMOS nuestras vidas del sufrimiento al empoderamiento, hay una importante clave oculta. Es la agridulce comprensión de que, en muchos sentidos, nos estamos beneficiando de nuestro sufrimiento. Aunque las luchas que has soportado nunca fueron algo que hubieras deseado o elegido a sabiendas, en algún lugar de tu interior, puede que en realidad disfrutes y aprecies la seguridad, la comodidad y el alivio que te proporciona la lucha.

¿Significa esto que debes estar agradecido por tu sufrimiento? *No*, pero a la vez *sí*.

¿Significa esto que debes estar agradecido por tu sufrimiento? No, pero a la vez sí.

¿Quizá te sientes relajado y duermes más cuando estás deprimido? Si te intimida recibir atención, ¿quizá permanecer en silencio y escondido en las sombras de tu vergüenza y sufrimiento te resulte cómodo y seguro? ¿Quizás verte a ti mismo como la víctima significa que no tienes que reconocer que también estás siendo hiriente y destructivo con los demás? ¿Y la ira? ¿Quizá te hace sentir bien perder completamente la calma y gritar a pleno pulmón? ¿Hay momentos en los que esas cuchillas dentadas de tu actitud defensiva te hacen sentir más fuerte y seguro de ti mismo?

¿Reconocer estos beneficios justifica tu sufrimiento o fomenta tus hábitos? No. Al reconocer la verdad, puedes construir una base más sólida de honestidad y confianza en ti mismo y:

- Empoderarte para ser más consciente de por qué estás atascado
- Poner el poder del cambio en tus propias manos
- Fortalecer tu amistad contigo mismo
- Tener una mejor comprensión de cuáles son tus necesidades y lo que estás buscando

Aunque pueda parecer contraintuitivo reconocer intencionadamente dónde nos hemos beneficiado de nuestro sufrimiento, es esencial tener una comprensión transparente de dónde elegimos anudarnos al dolor. De ese modo, seremos más conscientes de cómo salir de él.

¿De qué manera te has beneficiado de tus hábitos, luchas y sufrimientos?

APRENDER DE NUESTRAS LUCHAS

TARDÉ BASTANTES AÑOS EN ECHAR la vista atrás a mis supuestos "errores" y, en lugar de marchitarme de vergüenza, apreciar lo significativa, necesaria y enriquecedora que fue la experiencia. Si no hubiera soportado todo ese viaje de adicción, vergüenza, inseguridad, depresión y sufrimiento, tú y yo no estaríamos aquí ahora. No sería quien soy, ni tendría la confianza, la fuerza y la sabiduría para haber creado esta metodología y escrito este libro. ¿Quién sabe si incluso estaría viva ahora mismo? La vida es misteriosa, y si no hubiera tomado el camino exacto que he tomado, podría haber tenido un accidente hace años y no haber sobrevivido a él.

¿Quién puede decir que lo que consideramos el extremo corto del palo no es en realidad el extremo largo disfrazado? Aunque no lo parezca cuando estás pasando por ello, cuando finalmente superes la tormenta de tu sufrimiento, puede que mires atrás y te des cuenta de lo fuerte, perceptivo, intuitivo, compasivo y resistente que eres después de ese largo y arduo viaje. Cada elección, decisión y lamentable error que has cometido ha servido a un propósito extrañamente divino e invisible, ofreciéndote sabiduría, conocimiento y crecimiento.

Cuando vemos nuestro sufrimiento como el enemigo, algo que nos controla, nos sujeta y nos tortura, corremos el riesgo de quitarnos poder y ver el sufrimiento como una fuerza malévola a la que hay que temer. Nos contamos a nosotros mismos el cuento convincente de que estamos indefensos y no tenemos control, que la culpa siempre es de otro, que la culpa fue de la jaula por encerrarnos.

Si tememos algo que creemos que es potencialmente más fuerte que nosotros, somos propensos a sentirnos inseguros, protectores y nerviosos, lo que nos mantiene secuestrados en un estado de miedo inmovilizador y agota continuamente nuestro poder. No tienes por qué tener miedo ni culparte a ti mismo o a tu pasado. Aquí no hay enemigos. Tu sufrimiento no es lo que eres y no es nada que tenga poder sobre ti. Tus luchas son simplemente las capas de protección y defensa que se construyeron alrededor de tu corazón para guardar tu ternura interior. Pero ya no te sirven. Así que depende de ti tomar la decisión de vivir de otra manera.

¿Qué has aprendido sobre la vida a través de tus experiencias de lucha?

DEJAR IR EL PASADO

A VECES, TENEMOS UNA IDEA MÁS clara de lo que no queremos mucho antes de saber lo que sí queremos. Puede que la gente te pregunte qué quieres y lo primero que salga de tu boca sea "Estoy tan harto de...".

¿Quizá has intentado subir la montaña de la transformación

tantas veces y has caído tantas veces que no puedes soportar ilusionarte? ¿Quizá lo que quieres es liberarte del sufrimiento? Pero eso suena como ganar la lotería, ¿y qué posibilidades hay de que eso ocurra? Especialmente para alguien que se ha sentido enjaulado y atrapado dentro de sí mismo durante mucho tiempo.

Sí, el pasado puede estar lleno de miles de experiencias que se apilan en pilas altísimas etiquetadas como "las cosas como son". Y sí, puede que el futuro no tenga nada que mostrar, ni promesas ni garantías.

Sin embargo, que el futuro no esté escrito no significa que sea débil o esté vacío, sino que es un misterioso lienzo en blanco de posibilidades, un rebaño vivo de potencial. Aunque lleves 20 años haciendo lo mismo, no significa que vayas a seguir haciéndolo los próximos 20; solo significa que lo hiciste en el pasado. Eso es todo. Te sientas cómodo o no con ello, el pasado ya pasó, así que puedes relajarte y dejarlo ir.

Aunque gran parte de nuestro trabajo juntos incluye mirar al pasado, nuestra intención no es quedarnos atrapados en él. De hecho, una parte importante para liberarnos del pasado consiste en verlo sin identificarnos con nuestras viejas perspectivas e historias. Cada vez que vuelves a contar una vieja historia y proyectas una visión temerosa de ella sobre lo que crees que ocurrirá en el futuro, empiezas a hacer que ocurra. Recuerda: eres poderoso.

Cuando nos centramos en lo que no está bien, a menudo fomentamos más de lo que no funciona, así que deja que tu yo futuro sea como un niño al que no quieres lavar el cerebro con tus miedos y pensamientos. Permítete ser humilde e inquisitivo, aquí mismo, en este momento, sin todas las respuestas ni suposiciones, y sin necesidad de decirle al futuro cómo debe verse, qué tiene que pensar y cómo tiene que ser. Deja que tu yo futuro sea él mismo: perfectamente desconocido.

LA DECISIÓN

Habrá momentos en los que abras tu corazón al amor y luego experimentes la profunda angustia de la pérdida. Cuando crees en algo y lo cultivas con todo tu tiempo, solo para ver cómo se convierte en polvo. Te elevarás hasta lo más alto de tu potencial y en algún momento caerás. La vida está inevitablemente llena de dificultades y retos que nos abren y nos separan. Es un paquete completo, y realmente no hay forma de evitarlo.

Aunque no podemos cambiar eso, sí podemos cambiar cómo respondemos y evolucionamos a través de esas experiencias. Tenemos el poder de decidir y elegir cómo queremos sentirnos, actuar y ser en cada momento.

¿Te parece intimidante o irritante? A veces, oír que somos dueños de nuestras emociones, reacciones y perspectivas puede resultar abrumador, sobre todo si ya estamos agotados e inseguros. También puede ser difícil imaginarnos libres de sufrimiento cuando nuestras vidas están tan profundamente entrelazadas con personas y situaciones que escapan a nuestro control.

Claro que podemos esforzarnos por cambiar y mejorar, pero ¿qué pasa con nuestros padres, cónyuges, hijos, amigos, empleados, hermanos? ¿Y si nosotros nos convertimos en personas más honestas, comunicativas y con los pies en la tierra y ellos no? ¿Cómo podemos elegir sentirnos mejor en la vida cuando estamos rodeados de personas molestas, necesitadas, dolidas, mentirosas y competitivas?

Bien, estar *harto de sufrir* no significa que de repente seas inmune al dolor, a los retos y a las pérdidas durante el resto de tu vida. Significa que estás tomando la decisión de cambiar la forma en que te presentas, manejas y respondes a esos encuentros incómodos cuando suceden. Significa que en lugar de apartarte o evitar la vida, tomas la decisión de aparecer y dirigirte valientemente hacia ella, enfrentarte a ella y comprenderla. Al hacerlo, despiertas la claridad, la valentía y la perspicacia necesarias para elegir acciones diferentes, y esto afecta a toda tu vida. También nutre en ti un sentimiento de empoderamiento.

Hay muchas cosas que no podemos cambiar en la vida, incluidos los demás. Sin embargo, cuando tomamos la decisión de cambiar nuestro comportamiento y nuestras acciones, esto afecta inevitablemente a todo el mundo.

COMPROMISO

Estamos a punto de profundizar en algunas percepciones, perspectivas y oportunidades de cambio realmente increíbles y asombrosas. Sin embargo, a menos que te comprometas a estar más disponible para ser un mejor oyente, amigo y compañero de equipo para ti mismo, no funcionará. Llegaremos a una parte del camino y tus viejos patrones de resistencia, vergüenza, juicio y separación de ti mismo nos retrasarán mucho.

La realidad es que el compromiso no requiere apego y no se nutre de expectativas. Este viaje no implica ganar o perder. Cuando estás listo para dedicarte a sanar tus heridas, superar tus miedos y abrirte a niveles más profundos de amor y confianza, significa que estás listo para intentarlo. Estás incondicionalmente dedicado a no rendirte y a no volver a darte la espalda. Estás comprometido con el viaje, no con el destino.

En algún momento, más adelante en el camino, puede que mires atrás y te des cuenta de lo lejos que has llegado. Cómo el viaje fue más agradable de lo que pensabas y cómo el amor propio que lograste en el camino era realmente lo que estabas buscando desde el principio.

¿Qué significa para ti el compromiso?
¿Estás dispuesto a comprometerte a probar una nueva
forma de estar contigo mismo?

INTENCIÓN: LA DIRECCIÓN HACIA CASAE

LO QUE ES TAN PODEROSO DE ESTAR preparado para crear realmente el cambio y dedicarte a la sanación es que encuentras la dirección que por fin estás preparado para afrontar, y es hacia ti mismo. En lugar de buscar constantemente algo, alguien, algún lugar que contenga las respuestas a tu felicidad, te das cuenta de que por fin estás listo para detenerte y girar hacia ti.

Tú, a quien has estado evitando.

Tú, el que necesita tu atención.

Tú, el que ya no quiere sufrir y anhela ser querido.

A veces, puedes pensar que eres un desastre débil y ansioso, pero no lo eres. Tú no eres así. Aunque el dolor y el sufrimiento se hayan vuelto cómodos o te parezcan naturales a veces, no es lo que eres, ni es lo que nunca se pretendió que fueras.

Quien eres es la quietud clara y calmada que espera suave y pacientemente bajo las capas de dolor y sufrimiento. Eres algo mucho más profundo, más grande e infinitamente más poderoso que las historias de luchas que te rodean. Quien estás destinado a ser es quien siempre has sido en el fondo, antes del dolor y el sufrimiento. Esencialmente, es donde estamos tratando de llevarte a casa, de vuelta a los brazos amorosos de ti mismo.

¿Han cambiado tus intenciones desde que empezamos?
¿Te han surgido nuevas intenciones?

9.

OBSERVAR

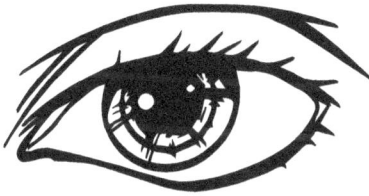

Adquirir conocimientos y comprensión a través de la observación.

LA OBSERVACIÓN ES EL PRIMER paso necesario que sigue al entendimiento. Una vez que nos damos cuenta de que deseamos dejar de sufrir y estamos listos para probar algo nuevo, el siguiente paso es observar realmente la verdad y la realidad de lo que ocurre.

Ejemplos de formas de OBSERVAR:

- Reconocer la verdad
- Observar tu entorno
- Estudiar tu comportamiento y hábitos personales
- Inspeccionar tu procesamiento interno del pensamiento
- Observar tus tendencias y reacciones personales –
- Buscar patrones y similitudes

Ser testigo de la verdad tiende a transformar instantáneamente tu vida y tu forma de entenderla. En un momento, todo parece ir bien. Al minuto siguiente, estás mirando a través de un nuevo lente la realidad que revela un montón de heridas y malestares. Es como si todo lo que creías que era la estructura de tu vida se derrumbara de repente.

La buena noticia es que, aunque la jaula que se derrumba te haya parecido tu hogar durante mucho tiempo, nunca lo fue. Era una ilusión construida para protegerte de sentir la verdadera esencia de tu corazón tierno y herido. Si quieres volver a tu verdadero hogar de ser tú mismo, esa ilusión de seguridad tiene que desmoronarse. Tendrás que mirar conscientemente la verdad sobre:

- *¿Qué está pasando en tu vida ahora mismo?*
- *¿Qué ocurrió en el pasado?*

En el tiempo que hemos pasado juntos, ya has explorado el pasado haciéndote preguntas y reflexionando sobre tus experiencias vitales personales. La primera parte del libro fue esencialmente una exploración del pasado, en la que aprendiste por qué estás sufriendo y cuáles son algunas de tus necesidades insatisfechas.

Aunque sigue siendo importante que nos adentremos en el pasado para encontrar la herida, tenemos que ser realmente buenos en volver al momento presente para abordar lo que estamos viviendo ahora.

Es crucial que no pasemos demasiado tiempo vagando por el pasado porque podemos empezar fácilmente a contar y volver a contar historias que nos arrastren a la red de la identificación y la defensa. En algún momento, después de destapar todas las heridas, tienes que volver y ocuparte de ti y de tu situación actual, que está aquí, en el momento presente.

Por esta razón, cuando entremos en el terreno de la observación, dejaremos de fijarnos tan intensamente en una historia, un problema o una perspectiva, y nos veremos a nosotros mismos desde una comprensión más amplia y expansiva. Observaremos lo que está ocurriendo y lo que ha ocurrido, y empezaremos a reunir las pistas para comprender mejor lo que necesitas para sentirte mejor.

CONFRONTING FEAR & AVOIDANCE

CUANDO SE TRATA DE MIRAR LA verdad y observar las heridas, estamos contradiciendo valientemente aquello en lo que nos hemos convertido tan a gusto durante tanto tiempo: la evasión. Por eso, la observación es la oposición a la evitación. Como sabemos que hay capas de dolor y miedo dentro de los muros protectores de la insensibilización y la defensa, sabemos que el acto de evitar se realiza por miedo y autoprotección. En cierto sentido, la evitación equivale al miedo. Miedo a cualquier cosa que potencialmente nos conduzca a más dolor y malestar.

Es probable que en aquellos momentos en los que fuimos honestos y estuvimos presentes cuando éramos niños, amigos o amantes, nuestros corazones quedaran expuestos y profundamente heridos. Como resultado, tenemos miedo de estar presentes. Tenemos miedo de abrirnos y estar en el momento sin una capa de protección que nos separe de posibles heridas.

Ya sea consciente o inconscientemente, elegimos no estar presentes. Y como nuestro pasado lejano es de donde proviene gran parte de nuestro mayor dolor y sufrimiento, tampoco queremos mirar allí. No queremos pensar en los momentos tristes, aterradores, traumáticos y embarazosos de nuestra infancia o de nuestras vidas anteriores.

Ése es el enigma. Evitamos estar en el momento presente y evitamos pensar en las áreas difíciles (y muy importantes) de nuestras experiencias pasadas.

Entonces, ¿dónde vivimos? Bueno, si se le puede llamar vivir (?), estamos en un estado alterado en el que no estamos ni aquí ni allí. Como si tuviéramos un pie dentro y otro fuera de la vida, estamos flotando entre la realidad (consciencia) y la incómoda y acogedora jaula (inconsciencia).

Esta evasión es algo que tenemos que reconocer. Tenemos que reconocer que nuestra evasión nos aleja del momento presente y que esa separación de la presencia contribuye a nuestro sufrimiento. También necesitamos comprender que la decisión de evitar, en lugar de observar, es una elección que estamos haciendo.

Ya sea consciente o inconscientemente, estamos eligiendo no estar presente, honesto y directamente conectado con la verdad de lo que ocurrió en el pasado y lo que está ocurriendo ahora mismo. Entonces, hazte esta pregunta:

¿Por qué elijo evitar mirar la verdad de lo que he pasado y de lo que estoy experimentando ahora mismo?

Aunque estés intentando evitar experiencias, realidades y sentimientos indeseables en el presente, es también ahí donde ocurren las mejores y más memorables experiencias. Al no estar presente, ser honesto y abierto, te pierdes todas esas experiencias. Si de verdad quieres llegar al corazón de ti mismo y de la experiencia vital, tienes que llegar al corazón de lo que te está frenando. Y para hacerlo, tienes que estar presente con la verdad de lo que has vivido y de lo que estás viviendo ahora mismo.

EL DON DE APRENDER

¿QUIZÁS YA SABES LO QUE ESTÁ PASANDO y no necesitas echar un vistazo honesto a tu realidad? ¿Quizás tengas una comprensión muy clara de lo que ocurrió en el pasado y de por qué estás luchando ahora mismo? Bueno, aunque te sientas seguro sobre el linaje de tu sufrimiento, si estás evitando inadvertidamente algo del pasado, todavía hay muchas pistas valiosas y necesarias que descubrir.

Te des cuenta o no, tu certeza está creando un espacio muy pequeño para que puedas existir. Al no permitirte profundizar en las posibilidades de lo desconocido, te estás impidiendo llegar a la raíz de lo que realmente ocurre.

Observar el yo requiere que estudiemos y aprendamos sobre nosotros mismos. Significa ser lo bastante curioso y valiente para no saberlo todo. De ese modo, hay espacio suficiente para aprender algo nuevo. Por desgracia, la mayoría de nosotros insistimos en saberlo todo y nos aferramos a nuestras perspectivas, porque no saber es muy incómodo. Nos lleva a un lugar vulnerable que suscita sentimientos de inseguridad e incertidumbre. Si no tenemos la respuesta -la base aparentemente estable del conocimiento-, tenemos que confiar en nosotros mismos, lo cual entendiblemente es difícil.

No queremos pasar por el agotador acto de tener que aprender o memorizar algo (o incluso leer las instrucciones). No queremos preguntar, solo queremos saber.

Por desgracia (y por suerte), no conocemos las respuestas a todo. Para alcanzar niveles más altos de inteligencia y pensamiento más amplio, tenemos que volver a entrar en un estado de humilde curiosidad y dar la bienvenida al viaje del aprendizaje. Tenemos que permitirnos ser valientemente abiertos e inquisitivos, como cuando éramos bebés, en lugar de los sabelotodos duros y engreídos en los que nos hemos ido convirtiendo con el paso de los años.

Esto significa desaprender lo que hemos aprendido a hacer a lo largo de nuestra vida y crear espacio para algo nuevo. ¿Qué incluye desaprender? Las historias impulsadas por el miedo, las perspectivas y las falsas comprensiones de quiénes somos y qué ocurre.

Al darte permiso para ser curioso y recibir el regalo del aprendizaje, accedes a mundos desconocidos y a posibilidades infinitas. Te reencuentras con la magia y la belleza prístina de estar vivo y te permites formar parte de ella. ¿No te parece mucho más fascinante y satisfactorio que pasarte la vida escondido en una jaula mohosa, distraído y defendiéndote constantemente?

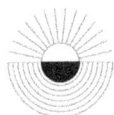

¿Te encuentras alguna vez inventando respuestas porque te resulta incómodo no saber?

LA LUZ PURIFICADORA DE LA CONCIENCIA

UNA FORMA ÚTIL DE IMAGINAR ESTE proceso es visualizar una casa dentro de ti. Cuando naciste, esta espaciosa casa tenía una brisa fresca y la luz del sol entraba por cada una de sus ventanas. Con tu presencia sincera y tu naturaleza atenta, se llenó de conciencia y asombro. Cada día traía una ráfaga de nuevas experiencias.

Sin embargo, cuando empezaste a experimentar las heridas de la vida, tu casa interior empezó a transformarse de pacífica a temerosa. Cada herida era como una mancha de humedad, y allí donde no la atendías empezaba a crecer moho. Cuanto más evitabas mirarlas, más supuraban, multiplicándose y apoderándose de ti. Y por cada parte de tu ser sensible que se cerraba, se tapaba una ventana de tu casa interior, de modo que la luz de la conciencia ya no podía entrar. Te quedabas en un espacio poco iluminado y sin aire fresco.

Por otro lado, cuando te permites reconocer la verdad e iluminar el interior con la luz purificadora de la conciencia, la casa empieza a cambiar. Quitas las tablas y la llenas de luz. Limpias el moho con honestidad y verdad. La cálida luz del sol entra por las ventanas, secando la humedad. Antes de que te des cuenta, todo el espacio se ha transformado.

Este acto de observación honesta no solo nos hace tomar conciencia de las zonas dolorosas del pasado que necesitan nuestra atención, sino que también crea un entorno más sano y limpio donde es menos probable que el dolor prospere en el futuro. Cambiamos todo el ecosistema de nuestro interior. Por supuesto, podemos traer nuestros cepillos y desinfectantes para atender el dolor, pero a menos que transformemos por completo el entorno en el que el dolor está prosperando, es solo cuestión de tiempo que vuelva a apoderarse de nosotros. No queremos simplemente limpiar un poco el miedo y el dolor, queremos arrancarlo de raíz y eliminarlo por completo de nuestro ser.

CONCIENCIA DEL JUICIO

Otra herramienta increíblemente útil para tener a la mano es la "conciencia del juicio". Es exactamente como suena: tomar conciencia del comportamiento que juzga. En esos momentos de observación, si empiezas a declarar algo como bueno, malo, aceptable o inaceptable, toma nota. Eso es juzgar.

Cada vez que te juzgas, intensificas la necesidad de defenderte, lo que estimula continuamente tu ego y te mantiene rehén en un estado somnoliento de inconsciencia (y sufrimiento). No sentirías la necesidad de maltratarte a menos que ya estuvieras sufriendo, así que el autojuicio es un indicador de que estás sufriendo y de que hay una herida latente en algún lugar cercano.

Una forma de asegurarte de que no te juzgas es a través de la respuesta "interesante". Cuando estés entablando este diálogo interno contigo mismo y se revele una pista, reconócela y, en lugar de considerarla positiva o negativa, permítete ser intrigante. Permitirte estar interesado significa que te estás dando permiso para ser curioso y no tener opiniones o conclusiones definidas. Interesarse ofrece espacio para que se revele la siguiente pieza, en lugar de un juicio severo, que no nos deja adónde ir.

Digamos que estás reflexionando sobre un incidente

de tu pasado y te invaden sentimientos de arrepentimiento, resentimiento o enfado hacia ti mismo. Haz una pausa y observa la experiencia. Obsérvala como si no te identificaras con ningún papel o parte de la historia. En lugar de contarte a ti mismo una historia sobre lo equivocado o malo que eres, vuelve a un espacio de neutralidad imparcial. Toma nota y di: "Interesante; me estoy avergonzando ahora mismo". Enciende una luz y toma conciencia de que te estás juzgando.

Puede que descubras que estas herramientas son útiles para tomar conciencia de cómo estás tratando a los que te rodean y de cuándo eres tú quien está generando heridas. Si te sorprendes a ti mismo con pensamientos negativos o crueles, ¡denúnciate! Tan pronto como te observes pensando o diciendo algo destructivo, detente y siente la conciencia de juicio dentro de ti, solo que sin juzgarte por estar juzgando.

Cada vez que nos descubrimos juzgando, mejor nos damos cuenta de ello. Poco a poco, nuestras tendencias inconscientes empiezan a perder su poder. Como la luz purificadora de la conciencia en una habitación mohosa, nos volvemos más limpios y brillantes por dentro.

AUTOCONCIENCIA

EL OBJETIVO ES SER MÁS CONSCIENTE de uno mismo. Para ello, tienes que empezar a conectar contigo mismo y crear un canal de comunicación que te permita hablar, escuchar y ser sincero contigo mismo. Si mantener conversaciones sinceras contigo mismo te parece una locura, no lo es. De hecho, creo que todo el mundo estaría mucho menos loco si todos pudiéramos conectar y comunicarnos conscientemente con nosotros mismos, en lugar de estar atrapados en un flujo constante de diálogo inconsciente con nosotros mismos.

El autoconocimiento es realmente un objetivo subyacente en todo el trabajo que estamos haciendo juntos. Cada vez que eres más consciente de ti mismo, dejas de identificarte con tu sufrimiento y te das el poder de elegir no sufrir. Empiezas a ver más allá de los muros de la autoconservación. Te das cuenta de lo profundamente herido que estás por dentro, lo que despierta la compasión y el deseo de liberar al ser inocente atrapado dentro de la jaula: tú.

Cuando dejas de esconderte de ti mismo y dejas entrar la luz consciente de la verdad y la conciencia, no queda espacio para la evasión o la inconsciencia.

Ésta es quizá la clave más monumental para superar los hábitos inconscientes y la adicción. Como muchos de nuestros intentos de satisfacer nuestras necesidades pasan por el filtro de la protección y el miedo, cuando finalmente nos enfrentamos al miedo y miramos a la verdad a los ojos, ganamos control y confianza. Empezamos a sentirnos más cómodos y naturales mirándonos a nosotros mismos objetivamente, y menos apegados a protegernos y defendernos constantemente.

En lugar de sentirnos fuera de control, entramos en el asiento del conductor. En lugar de sentirnos atascados, nos sentimos emancipados. En lugar de sentirnos víctimas, nos damos cuenta de que somos los creadores de nuestra realidad. Somos los héroes que tenemos el poder de salvarnos a nosotros mismos. Con eso, ningún miedo, recuerdo o mal humor puede volver a tenernos como rehenes.

Sin embargo, es importante tener en cuenta que, al adentrarnos en los reinos del pasado, entramos en contacto con viejos traumas. Estos recuerdos dolorosos pueden estar escondidos en las cámaras internas de tu corazón, y si los escondiste bien, lo hiciste porque la experiencia original fue triste, aterradora e incómoda. Ahora, al volver a entrar en esos espacios guardados e internos, por favor, sé amable contigo mismo y ve solo al ritmo que te resulte natural y cómodo.

HERRAMIENTAS DE OBSERVACIÓN

Cuando me permito contradecir la evitación y ser testigo
de la verdad, gano seguridad y confianza en mí mismo.

◆

En lugar de saber siempre la respuesta, me doy permiso
para sentir curiosidad y aprender algo nuevo.

◆

Aunque perciba algunas de mis experiencias de vida
como demasiado pesadas o demasiado difíciles de manejar,
no lo son.

◆

Cada vez que me permito reconocer la verdad,
transformo la inconsciencia dentro de mí,
llenándome de la luz purificadora de la conciencia consciente.

◆

Como medio para fortalecer la autoconciencia,
puedo hacerme preguntas sinceras y responderme con
sinceridad.

◆

Cada vez que me doy cuenta de pensamientos enjuiciadores
hacia mí mismo o hacia los demás, puedo darme cuenta y
transformar el comportamiento destructivo e inconsciente
en presencia consciente.

10.
SENTIR

Capacidad de experimentar una emoción o sensación.

MUCHOS DE NOSOTROS LLEGAMOS a asociar cualquier sentimiento de incomodidad como algo malo o negativo, por lo que lo evitamos. Por eso, nos insensibilizamos y desconectamos de la verdad que hay en nuestros corazones y en el mundo que nos rodea. Para estar plenamente presentes en la experiencia de la vida humana, tenemos que derribar esos muros de la jaula. Tenemos que resensibilizarnos. Tenemos que sentir.

Ejemplos de experimentar el SENTIR:

- Sentir emociones
- Ser sensible
- Tener una sensación del cuerpo físico
- Sentir a los que te rodean
- Intuir

Al igual que la observación requiere que nos enfrentemos a nuestra evasión y veamos la verdad de lo que está pasando y de lo que ha pasado, el acto de sentir requiere que sintamos nuestras verdaderas emociones, sin juzgarlas.

Observa: *¿Qué está pasando ahora? ¿Qué ocurrió en el pasado?*
Sentir: *¿Cómo me siento? ¿Dónde me duele? ¿Dónde tengo miedo?*

En lugar de apartarnos (y taparnos los oídos y los ojos), tenemos que inclinarnos y sentirlo con valentía, independientemente de lo desconocida, indeseable o desagradable que sea la experiencia.

¿Por qué? Porque una vez que hemos observado con éxito la verdad de dónde estamos heridos y hemos sentido la realidad del dolor que sufrimos como resultado, comprendemos mucho mejor lo que necesitamos para sentirnos mejor, lo que nos prepara para satisfacer esas necesidades. Y ahí es donde se produce la sanación.

COMPRENDER LOS SENTIMIENTOS

En primer lugar, es importante comprender qué son realmente los sentimientos y las emociones, sobre todo porque puede parecer que viven en un mundo misterioso. Como invitados inesperados, pueden aparecer de la nada y cambiar rápidamente la atmósfera de nuestro ser. Cuanto más los estudiemos y comprendamos, más capaces seremos de manejarlos.

Ejemplos de emociones y sentimientos:

- Tristeza
- Miedo
- Alegría
- Compasión
- Confusión
- Enfado
- Alegría
- Alivio
- Decepción
- Preocupación
- Felicidad

Hay una ligera pero significativa diferencia entre emociones y *sentimientos*.

La definición de emoción es: un estado complejo de sentimientos que da lugar a cambios físicos y psicológicos que influyen en el pensamiento y el comportamiento. Esencialmente, la experiencia de un sentimiento es lo mismo, salvo que cuando tenemos sentimientos, somos conscientes de la emoción.

En otras palabras, los sentimientos y las emociones pueden parecer lo mismo, pero están separados por niveles de conciencia. Para resensibilizarnos y permitir que sea una experiencia constructiva, tenemos que estar más presentes y ser testigos de nuestras emociones para convertirlas en sentimientos.

Cada vez que reconoces conscientemente lo que está sucediendo y cómo te sientes como resultado de ello (independientemente de lo deseable o indeseable que pueda ser), permites que un rayo de consciencia entre en la casa interior de tu ser. Reclamas tu poder y pasas de ser el que está atrapado en la jaula, al que está fuera mirando hacia dentro.

ENTRAR EN LOS LUGARES INCÓMODOS

Entonces, ¿por qué muchos de nosotros evitamos sentir? Hay dos razones principales: el dolor y el miedo. Al principio, era porque sentíamos las sensaciones dolorosas de la tristeza, la vergüenza, el dolor, la confusión, la inseguridad y la incomodidad. Después, porque temíamos que nos volvieran a hacer daño. Sabemos lo incómodo que es el dolor emocional y no queremos volver a pasar por ahí. Así que nos adormecemos y distraemos para evitar lo que tememos profundamente.

Pero al igual que hicimos en capítulos anteriores, necesitamos reconocer y ser testigos de dónde estamos tomando la decisión de no sentir nuestros sentimientos, para que podamos ser responsables del poder que tenemos para crear el cambio. Una forma de romper con la evasión es preguntarse a uno mismo:

¿Por qué evito ser sensible y por qué intento no sentir mis emociones más profundas?

He aquí algunas razones comunes:

- Estar triste es triste y no quiero estar triste, así que intento no estarlo.
- Quiero ser siempre feliz.
- No quiero ser una persona deprimida para los demás.
- Pareceré débil si soy sensible. Prefiero ser fuerte.

Sin embargo, el hecho de que hayas encontrado formas de no sentir el dolor no significa que no haya dolor; solo significa que te has separado de sentirlo. Y recuerda que la jaula no deja salir ni entrar nada. Si te insensibilizas al dolor, también te insensibilizas al amor, lo cual es razón suficiente para que vuelvas a tus sentidos, para que puedas volver a sentir el verdadero amor.

¿Te dolerá o te resultará incómodo sentir la verdad de tu dolor?

Puede que te duela sentir la verdad de tu dolor, pero no es nada que no puedas manejar, porque conoces el dolor muy bien. Has vivido en él durante mucho tiempo. Permitirte sentir la verdad más profunda de tu dolor no significa que tengas que estar sometido a más dolor, sino que por fin te permites ser consciente del dolor que ya sientes.

DESENSIBILIZACIÓN COLECTIVA

AUNQUE SENTIR CONSCIENTEMENTE nuestras emociones es algo que muchos de nosotros tendemos a evitar de forma natural, la aversión a sentir también se aprende. A través de la programación de nuestros padres, la sociedad, el sistema educativo, el ejército y la voz colectiva de la inconsciencia, a menudo se nos anima a "endurecernos" y "actuar bien". Los líderes temerosos nos enseñan a actuar con fuerza y a ser insensatos, y nosotros les seguimos la corriente con miedo a los sentidos.

Esto tiene mucho que ver con una aversión colectiva general a ser vulnerable. Como muchos de nosotros consideramos la vulnerabilidad una debilidad, evitamos ser sensibles. Además, como el trauma no resuelto prevalece en muchos de nosotros, evitamos ser sensibles porque no queremos experimentar la incomodidad potencial que podría surgir si nos permitimos sentir y escuchar realmente lo que sucede en nuestro interior.

Cuando te permites con valentía ser sensible con confianza, te enfrentas a tu jefe, a tus profesores, a tu pareja, a los miembros de tu familia que te juzgan y a todos los demás que tienen demasiado miedo de sentir.

También te estás enfrentando a una fuerza que se beneficia de que renuncies a tu conexión contigo mismo para ser una pieza insensible, descuidada y sin sentido en la máquina capitalista de nuestra sociedad. En lugar de enterrar y ocultar tus emociones en tu interior, estás tomando la decisión de honrar lo que es natural, correcto y saludable para tu mente, cuerpo y bienestar. Estás recuperando tus sentidos y empoderándote para enfrentarte a un sistema de creencias que está profundamente anticuado y necesita un cambio.

¿Alguna vez has ocultado, disimulado o reprimido tu naturaleza sensible para parecer de una determinada manera ante los demás? ¿Cómo te sentirías si fueras sensible con confianza?

APRENDER A SENTIR

PARA RESENSIBILIZARNOS ACTIVAMENTE, tenemos que prestar atención a esa bifurcación en la que el camino se divide entre *Necesidad* y *Protección* y elegir de forma diferente. En lugar de alejarnos inconscientemente de la sensación de incomodidad, tenemos que inclinarnos conscientemente hacia ella y sentirla intencionadamente.

Esto puede ocurrir haciéndose tres preguntas importantes:

1. ¿Cómo me siento?

2.¿Dónde me duele?

3.¿Dónde tengo miedo?

La razón por la que preguntamos dónde, en lugar de por qué, es que, una vez descubierta la herida, ya sabemos qué ha pasado y por qué nos duele (como hicimos en el capítulo anterior). Ahora, necesitamos profundizar en nuestra comprensión y conexión con el dolor para entenderlo mejor y trabajar para sanarlo. Si sufriéramos una lesión física e intentáramos evaluar el daño, podríamos preguntarnos: "¿dónde te duele?". En ese mismo sentido, nos preguntamos "¿dónde me duele?" para animarnos a encontrar el dolor emocional oculto en nuestro interior.

Esencialmente, tenemos que quitarnos la máscara, abrir la jaula y encontrar el dolor y el miedo en nuestro interior. ¿Por qué? Porque si no reconoces que te sientes incómodo por dentro, no reconocerás que tienes necesidades insatisfechas. Y si no reconoces que tienes necesidades insatisfechas, no tomarás las medidas necesarias para satisfacerlas. Es decir, no sanarás.

Por lo tanto, este paso de profundizar para encontrar el dolor y el miedo debajo de la respuesta externa es esencial. Puede que en ese momento te sientas ansioso, pero cuando profundizas en tu interior, te das cuenta de que en realidad estás sufriendo. Quizá lo único que sientes es rabia, pero cuando miras más a fondo, descubres que en realidad tienes miedo. Tal vez sientas envidia, pero cuando profundizas, descubres que en realidad sientes inseguridad.

Ahora bien, hay una gran diferencia entre sentir envidia e inseguridad. Si sientes envidia, te has puesto una coraza y estás algo desconectado de tu vulnerabilidad. Sin embargo, si puedes reconocer que lo que realmente sientes es inseguridad, estás mucho más conectado con los verdaderos sentimientos. También estás más cerca de poder decir: "Me siento realmente incómodo. Me pregunto qué necesito ahora mismo para sentirme mejor".

Con el tiempo, cuanto más cómodo te sientas yendo a los lugares incómodos, más cómodo estarás contigo mismo, y esto despierta niveles más profundos de seguridad y confianza contigo mismo.

EL SENTIMIENTO FÍSICO

Dado que las emociones también se sienten físicamente, el cuerpo y el corazón están profundamente entrelazados y conectados. En cada herida, dolor, miedo y momento de abandono que tu corazón ha soportado, tu cuerpo también lo ha sentido. Tu cuerpo siempre está pendiente. Es un amigo devoto y ansioso que siempre está escuchando tus palabras, tus pensamientos y tus intenciones. Si tienes el deseo de no sentir, tu cuerpo también recibe ese mensaje y se ve afectado por la intención de desconectar.

Tomará amorosamente tus sentimientos y recuerdos intranquilos e indeseables y los almacenará para que no tengas que sentirlos. ¿Adónde van a parar? Es diferente para cada persona. Algunos almacenan el malestar en los músculos del cuello y otros en el estómago; para otros, en los pulmones o en las articulaciones.

Sin embargo, al igual que el espíritu sincero de tu ser, tu cuerpo es tierno, sensible y cariñoso, y no puede enterrar el dolor y malestar para siempre. En algún momento, se debilita y se desgasta, se cansa y se agota. Si la retención se ha prolongado durante mucho tiempo, el cuerpo puede acabar enfermando por retener el rezume tóxico del dolor almacenado.

La solución es permitirse sentir el cuerpo. Puedes devolver los sentimientos y la luz curativa de la conciencia a tu cuerpo físico. Si te duele, *reconócelo* y *siéntelo*. Si está estresado, reconócelo y siéntelo. Si tiene frío, reconócelo y siéntelo.

Deja de evitarlo y siéntelo. Reconecta con este recipiente sagrado que es tu hogar y lo único que te mantiene totalmente atado a esta vida.

UN CAMBIO EN LOS SENTIDOS

Una forma útil de comprender nuestros sentimientos y conectar más con nuestro cuerpo es prestar más atención a las frecuencias sutiles de las respuestas emocionales del cuerpo. Como si fueran pasadizos invisibles desde los reinos exteriores de la protección hacia los sentimientos más profundos, cuando somos capaces de pasar de insensibilizados a sensibilizados, sentimos ese movimiento y esa transformación.

Por ejemplo, ¿alguna vez te ha dolido algo en el cuerpo y te has frotado la zona para aliviarte, y luego has sentido un cambio de energía al llegar al nudo concreto del que procedía el dolor? ¿Como si hubieras encontrado el punto de presión? Cuando buscamos la raíz de nuestro dolor y descubrimos la herida, experimentamos un punto de presión similar. Podemos sentir un cambio repentino de energía, como una sensación de alivio o un punto especialmente sensible e incómodo.

Es como encontrar un punto de presión que difumina instantáneamente la presión y la tensión acumuladas. Como si pudiéramos sentir cómo se derrumban las paredes de la jaula o cómo se le quita la máscara al tigre. Nosotros podemos sentir ese cambio de energía de insensibilizado a sensible; de protegido por el ego a presente; de inconsciente a consciente.

Esos cambios sutiles y drásticos en los sentimientos y la energía son indicios de que nos estamos acercando a la verdad y atravesando el revestimiento protector del ego. Cada vez que tomas conciencia de esos cambios sutiles y energéticos, fortaleces tu autoconciencia, conectas más profundamente con los sentimientos de tu cuerpo y fortaleces tu corazón en lugar de tu miedo.

¿Alguna vez has sentido un cambio en la sensación al pasar de una emoción a otra?

TODOS LOS SENTIMIENTOS SON BIENVENIDOS A LA MESA

AHORA BIEN, HAY OTRA CLAVE muy importante para transmutar nuestras emociones en sentimientos sin dejarnos arrastrar por la seductora bruma de la inconsciencia: no juzgarlos. Cuando te preguntes "¿Cómo me siento?", hazlo sin juzgar el sentimiento como bueno o malo.

En el momento en que decimos: "Este sentimiento es malo", nos separamos de él y creamos dos bandos: el villano grande y malo de un sentimiento, y la víctima indefensa que intenta sobrevivir a él. Nuestra identificación con el ser humano indefenso nos anima a vivir con miedo y a construir inconscientemente un muro para protegernos.

Una forma de recordarse a uno mismo que hay que acoger los sentimientos de forma holística -sin separarlos ni juzgarlos- es llevar una comprensión De que "todos los sentimientos son bienvenidos a la mesa". Ya sea ira, tristeza, frustración, vergüenza, pena, emoción, o incertidumbre (¿quizá no sabes cómo te sientes?), todo sentimiento es válido y todo sentimiento es importante.

Tal vez sientas que la felicidad, la alegría y el júbilo son bienvenidos a tu mesa, pero prefieres no invitar a la tristeza y la pena. Por desgracia, las cosas no funcionan así. Si sientes algo y decides que no es bienvenido o que no es lo suficientemente bueno como para participar, no te deshaces de ello, simplemente le niegas la entrada y lo evitas. En algún momento, volverá a aparecer.

Aunque ciertos sentimientos no te resulten cómodos ni agradables, no tienes por qué seguir viviendo con miedo. No necesitas encerrarte en una jaula y convencerte de que no eres lo bastante fuerte para afrontar la verdad. Eres lo suficientemente fuerte. Puedes mirar con sinceridad lo que te pasa y dónde te duele, para saber qué necesitas para sentirte mejor.

También es importante tener en cuenta que, por muy incómodo que sea un sentimiento en ese momento, no durará para siempre. Los sentimientos no son sólidos ni están hechos de piedra; son fluidos, por lo que se mueven y cambian de rumbo. Fluyen durante un momento y luego se alejan.

Si te sirve de ayuda, puedes decirte a ti mismo:

Lo que siento ahora mismo es incómodo. Aunque no quiero sentirme _____ (enfadado, triste, frustrado, avergonzado, celoso), me siento así. Reconozco y acepto que me siento así. Sé que es un sentimiento que pronto cambiará y pasará, pero ahora mismo es lo que siento.

Al darnos permiso para ser sensibles y sentir, no solo creamos un espacio interior más armonioso, sino que también construimos una conexión y una amistad más sanas con nosotros mismos. Cambiamos la narrativa interna de:

Deja de sentir eso. Estás haciendo algo mal. Ocúltalo. No quiero volver a verlo aquí.

A:

Lo que estás experimentando es válido y yo te acepto de todo corazón y te apoyo en este momento mientras lo experimentas.

Esencialmente, cuando hacemos las paces con nuestros sentimientos, hacemos las paces con nosotros mismos.

¿Hay algún sentimiento que hayas negado en el pasado y con el que necesites hacer las paces?

RECONOCER LA IRA

IMAGINEMOS QUE ESTÁS PREPARADO para acoger tus sentimientos, pero no los sentimientos de defensa, como la ira. ¿Quizá incluso te encuentras diciendo "yo no me enfado"? Aunque hay raras personas que nunca sienten ningún sentimiento de agresión, agresión pasiva o enfado, la mayoría de nosotros sí lo sentimos.

El problema es que, como el sentimiento de ira puede ser tan incómodo y provocar sentimientos adicionales de vergüenza, arrepentimiento y autojuicio, es posible que no nos sintamos cómodos mirándolo. En lugar de eso, es posible que lo bloqueemos, lo ocultemos y nos convenzamos de que no existe.

Te sientas cómodo reconociéndolo o no, lo más probable es que en algún momento (o en muchos) de tu vida, tus acciones, pensamientos y palabras hayan sido destructivos y dañinos para los demás y para ti mismo. Aunque nunca desearías causar dolor o daño a nadie intencionadamente, es fácil decir o hacer cosas sin reconocer plenamente el resultado negativo de tus actos.

Recuerda que la ira es una respuesta natural y normal cuando sentimos la necesidad de defender algo de lo que nos sentimos protectores. Ya sea nuestro corazón, carrera, cónyuge, ego o cuenta bancaria, no es algo malo, pero puede crear un bloqueo en el camino que nos separa de nuestros verdaderos sentimientos (y de la verdadera sanación). Y eso es un problema. Para realmente sanar y transformar nuestro dolor, tenemos que descubrir cuál es nuestra necesidad más profunda. Y para ello, es esencial reconocer lo que puede estar obstaculizando el camino, como un muro defensivo de ira.

¿Cómo te sentirías si reconocieras abiertamente tus sentimientos de ira sin vergüenza, juicio o miedo?

PERMANECER PRESENTE A TRAVÉS DEL SENTIMIENTO

DICHO TODO ESTO, LAS EMOCIONES son extremadamente poderosas, e incluso cuando eres capaz de transformar la emoción en un sentimiento, puede resultar abrumador. Y como nuestras emociones no suelen ser nada sutiles, es fácil que se apoderen de nosotros, dominando nuestras vidas y persuadiéndonos para que actuemos de una determinada manera.

Para entenderlo mejor, imaginemos el cuerpo emocional como una masa de agua en movimiento. Cuando hemos vivido en un estado de evitación, no nos hemos permitido abrir, sentir y expresar plenamente nuestros sentimientos. Como resultado, pueden acumularse y quedar represados en nuestro interior como emociones.

Cuando esa masa de agua empieza a abrirse y a moverse (como en nuestro trabajo juntos), puede convertirse en una corriente rápida con el potencial de inundar nuestros sentidos y consumirnos por completo. Tanto si estamos enfadados, avergonzados, tristes, contentos o emocionados, puede llevarnos muy fácilmente a un lugar de impotencia y sin control. Espera... Retrocede. ¿No son la felicidad y la emoción cosas positivas? ¿Cómo podrían dejarnos sin poder ni control?

Bueno, es importante reconocer que nunca queremos ser consumidos por ninguna emoción, independientemente de lo que sea. Si somos consumidos por una emoción, sin reconocer conscientemente que está sucediendo, somos fácilmente arrastrados a un estado inconsciente. Esencialmente, la vida nos está sucediendo y no estamos empoderados. No estamos plenamente presentes y comprometidos con el momento o la experiencia. Con ello, perdemos contacto con el poder de la presencia y la importante fuerza que se obtiene al ser conscientes y tener pleno control de nuestros cuerpos y pensamientos. Claro que la emoción es una sensación maravillosa, pero si nos aleja de estar presentes, no es sostenible.

Lo reconozcas o no, es probable que te hayas encontrado con muchas experiencias a lo largo de tu vida en las que tus emociones te han sacado de la presencia. Estabas tranquilo, con los pies en la tierra y experimentando la vida, y de repente una emoción te abrumó y de repente estabas demasiado alterado o dormido para pensar con claridad o actuar conscientemente.

La clave para mantenernos empoderados, en control y presentes a la vez que nos permitimos sentir nuestras emociones, es asegurarnos de que trabajamos conscientemente con nuestros sentimientos en lugar de permitir que nuestras emociones trabajen inconscientemente a través de nosotros. Recuerda, nuestro objetivo es estar *empoderados*, no confundidos, perdidos y fuera de control. Al permanecer presente, ser testigo de la verdad de lo que ocurre y ser consciente de tus emociones, refuerzas tu poder y tu confianza. tu poder y tu confianza.

EL LENGUAJE OCULTO DE LA INTUICIÓN

Cuando estamos abiertos y receptivos a sentir las sutilezas de nuestros sentidos, se despiertan niveles más profundos de conciencia, inteligencia y sensibilidad que llevamos dentro. Esto incluye nuestro sentido de la intuición.

Como si estuviera entretejida en los reinos de la telepatía y la clarividencia, la intuición es nuestra capacidad para acceder a un lenguaje oculto trazado en el campo de la conciencia; la red de conexión que une a todos los seres vivos. A través de la intuición, tenemos acceso a este campo conectivo. Podemos adquirir información, orientación, comprensión y conciencia. Mientas que algunos de nosotros podemos entenderlo, gran parte sigue siendo un misterio por descubrir. Lo más probable es que quien no se sienta conectado a su intuición es que la haya perdido. Para mucha gente, se descarta o se silencia en la infancia. Puede que nos digan: "Deja de preocuparte tanto", "¿Cómo lo sabes?" y "No te inventes historias tontas". Se nos anima a creer solo lo que vemos y a confiar solo en lo que afirman los demás. Esto ocurre casi al mismo tiempo que empezamos a renunciar a nuestra curiosidad e imaginación, que son puertas importantes a ámbitos de comprensión más profundos.

Mirando atrás en tu vida, ¿cuántas veces intuiste algo antes de que sucediera? ¿Cuántas veces sentiste la verdad de algo en tu corazón sin poder explicar por qué?

La intuición es una capacidad poderosa a la que todos tenemos acceso. Como sabemos que entrar en un estado de protección bloquea nuestra capacidad de sentir, podemos entonces imaginar hasta qué punto nuestra intuición cobra vida cuando activamos nuestro corazón y nos volvemos sensibles. Debido a que existe el campo de la conciencia que es mucho más grande que el mundo que podemos ver y comprender físicamente a nuestro alrededor, esta sensibilidad nos permite entrar en ese campo de conciencia, y comprensión expansiva.

La capacidad de sentir de tu corazón es similar a la capacidad de ver de tus ojos.

Si tus ojos están abiertos, puedes ver la verdad.

Si tu corazón está abierto, puedes sentir la verdad.

LA INTELIGENCIA DEL CORAZÓN

LA ACTIVACIÓN Y EL DESPERTAR DE nuestros sentidos influyen mucho en nuestros pensamientos y en nuestra forma de ver el mundo. Al abrirse la jaula que rodea nuestro corazón, también se abre nuestra mente. A través de ese proceso, despertamos niveles superiores de conciencia e inteligencia. Mientras que la inteligencia suele relacionarse únicamente con la mente y el pensamiento, esta expansión tanto del corazón como de la mente puede denominarse: *inteligencia del corazón*.

Sin embargo, la mayoría de nosotros no estamos en contacto o no somos conscientes del inmenso poder del corazón y de la inteligencia que emana de él. Como resultado, cuando preguntamos por el bienestar o la opinión de los demás, los humanos solemos preguntar "¿Qué piensas?" en lugar de "¿Cómo te sientes?". Eso se debe a que a menudo estamos más con la cabeza que con el corazón.

Pensar es un don asombroso y valioso. Gracias a que somos capaces de pensar y utilizar nuestro cerebro estamos aquí, viviendo esta experiencia.

Sin embargo, cuando vivimos en un estado de dolor y miedo, nuestros pensamientos emprenden un viaje inconsciente sin nosotros. En lugar de estar presentes, nos consumen las preocupaciones y nos perdemos en una corriente constante de pensamientos compulsivos. Estamos atrapados en nuestra cabeza, y eso no es bueno.

Cuando se pregunta a ciertas personas (especialmente a las que trabajan en el campo de la espiritualidad y la sanación) sobre esta dualidad de pensar y sentir, a menudo dirán que pensar es malo y sentir es bueno. Sin embargo, la clave de la sanación no viene de fomentar más dualidad; viene del equilibrio. Proviene de ser más consciente en el acto de pensar y de alimentar conscientemente nuestra capacidad de sentir. Esencialmente, volver a despertar la capacidad que muchos de nosotros pusimos a dormir temprano en la vida, ya que era una experiencia incómoda e indeseable

Aunque ambos son muy importantes y muy valiosos, sentir y pensar son singularmente diferentes. Nuestros cerebros pensantes tienden a incorporar el tiempo, la distancia, los patrones y los cálculos para obtener una sensación de comprensión, mientras que nuestro sentimiento es la respuesta emocional y física a la experiencia de la vida humana. Sí, tu cerebro puede permitirte dibujar formas y colorearlas a la perfección o leer música y tocar las notas exactas en la página, sin embargo, a menos que también te permitas conmoverte por el sentimiento de la experiencia, el resultado final puede carecer de cierta profundidad y "corazón".

Cuando nos permitimos volver a comprometernos plenamente con nuestra capacidad de sentir y percibir, pasamos de tener una red interna de pensamiento y sentimiento desensibilizada y desconectada, a funcionar de forma más holística; más inteligente. Con ello, nuestra inteligencia general aumenta. Mucha gente asocia la inteligencia con ser intelectual y retener conocimientos e información, cuando en realidad, podemos tener un coeficiente intelectual muy alto y aún no estar alcanzando el pleno potencial de nuestra inteligencia.

La verdadera inteligencia proviene de una conciencia plena del ser: una activación tanto del cerebro como del corazón. ¿Cómo sería si utilizáramos conscientemente nuestro cerebro y nuestro corazón para tomar decisiones y formular perspectivas? ¿Cuánto más sabia, perceptiva, intuitiva y expansiva sería nuestra comprensión global de la vida?

Al permitirnos llegar más allá de donde solo el pensamiento puede llevarnos, nos desprendemos valientemente de nuestro apego a lo que creemos saber y nos abrimos a confiar en lo desconocido e inclinarnos hacia él. Al hacerlo, empezamos a salir de la pequeña jaula en la que hemos estado atrapados durante tanto tiempo y volvemos a conectar con la red de conciencia que nos rodea. El mundo invisible de la conexión, la información y la conciencia que no se ve, pero se siente.

HERRAMIENTAS PARA SENTIR

Independientemente de lo insensibles y descuidados que
puedan ser los demás, tengo permiso para sentir y ser sensible.

◆

Cuando reconozco la presencia de emociones automáticas y
reactivas, puedo ganar control infundiéndoles consciencia y
transformándolas en sentimientos.

◆

Al prestar atención a los cambios sutiles en la energía que
rodea mis respuestas emocionales, puedo comprender mejor
dónde están las heridas y qué estoy sintiendo realmente
debajo de mi protección y defensa.

◆

Cada vez que me permito sentir la verdadera esencia
del dolor y el miedo debajo de la protección y la defensa,
gano seguridad y confianza en mí mismo.

◆

Para despertar y fortalecer mi intuición, puedo honrar
lo que siente mi corazón y confiar en la autenticidad e
importancia de los mensajes que escucha.

◆

Al permitirme utilizar conscientemente la fuerza tanto
de mi corazón que siente como de mi mente que piensa,
entro en niveles superiores de conciencia e inteligencia.

Parte V:
RESOLUCIÓN

*Cuando somos más conscientes de lo que hemos experimentado
en la vida y comprendemos cómo nos sentimos a consecuencia
de ello, estamos preparados para para resolver el dolor.
Esta fase simboliza la acción consciente e intencionada hacia
el cambio y la sanación.*

11.
CONECTAR

Profundizar en la conexión con uno mismo y con los demás; experimentar sanación, apoyo y plenitud.

En lugar de estar y sentirnos alienados en nuestras sombras protectoras, podemos tender la mano y unirnos. Podemos encontrar nuestro cable de conexión interior y aprender a encenderlo hacia el mundo y las personas que nos rodean. Al hacerlo, experimentamos el poder curativo de la unidad.

Ejemplos de formas de CONECTAR:

• Amistad

• Intimidad

• Escuchar

• Compartir

• Relacionarse

• Pedir ayuda

En muchos sentidos, la conexión energética es similar a un enchufe que se conecta a una toma de corriente. Pero es más que una conexión física o eléctrica de dos cosas; es el acto de más de una cosa uniéndose energéticamente.

Cuando nos han herido profundamente y hemos aprendido a cerrarnos, nuestro corazón se ha roto, la conexión se ha cortado y hemos perdido el servicio. Cuando tomamos la decisión de sanar y potenciar nuestros corazones, reconectamos ese intercambio energético dentro de nosotros mismos y con los demás. Damos un salto gigantesco y atrevido para alejarnos del miedo y acercarnos a la confianza.

Si unimos estos pasos, primero analizamos con honestidad dónde estamos heridos y luego comprobamos cómo nos sentimos por ello. A partir de ahí, tomamos la decisión de abrirnos en lugar de cerrarnos.

Observa: *¿Qué está pasando ahora? ¿Qué ocurrió en el pasado?*

Siente: *¿Cómo me siento? ¿Dónde me duele? ¿Dónde tengo miedo?*

Conecta: *No estoy solo. Puedo relacionarme con la gente y con el mundo que me rodea.*

Cuando nos sentimos heridos, asustados e incómodos con nosotros mismos, lo que a menudo necesitamos es conexión. Necesitamos sentirnos unidos y no solos. En lugar de enterrarlo todo en nuestro interior y sentir que tenemos que sufrir solos en este mundo, necesitamos volver a comprometernos con los demás y sentir el intercambio de la conexión, que nos une a la vida que nos rodea.

En el resplandor de la conexión, nuestro corazón roto vuelve a fundirse. Nuestras manos vacías y anhelantes por fin se sostienen, y eso es algo que todos merecemos. Merecemos saber que no estamos solos.

BUSCANDO LA CONEXIÓN

COMO HEMOS VISTO, AUNQUE UNA conexión sana es a menudo lo que necesitamos, cuando nos sentimos perdidos y separados, a menudo nos encontramos buscando cualquier cosa que nos ayude a sentirnos mejor, sea útil o no. Buscamos apoyo para calmar el dolor y una sensación de plenitud. Desafortunadamente, podemos encontrarnos buscando conexión a través de formas destructivas o relaciones que no son sanas o constructivas.

Ejemplos de conexión destructiva:
- Redes sociales (compromiso inconsciente)
- Alimentación compulsiva
- Consumo de alcohol y drogas
- Pornografía
- Promiscuidad
- Relaciones abusivas

Aunque cada una de estas cosas puede ofrecer una sensación temporal de conexión, no son necesariamente constructivas ni sostenibles. Creemos que estamos experimentando una sensación de conexión y pertenencia, pero en realidad estamos actuando desde un estado inconsciente y nos estamos alejando de nosotros mismos y de la raíz de nuestro dolor y sanación.

La solución es observar y sentir conscientemente que sientes dolor, y luego tomar la decisión de buscar activamente formas constructivas de conexión.

En muchos sentidos, cuando buscamos conexión, estamos pidiendo ayuda. Esto es muy incómodo para muchos de nosotros, especialmente si nos hemos acomodado detrás de nuestros muros de falsa fortaleza y protección. Pedir ayuda puede sentirse como hacer añicos todo lo que aparentemente nos mantiene a salvo.

Al darnos cuenta de que no necesitamos luchar solos y permitirnos buscar apoyo, avanzamos activamente hacia la satisfacción de nuestras necesidades. Damos un paso más hacia la creación y el acceso a una red de apoyo sana y constructiva, en lugar de a una dañina.

UNA RED FAMILIAR

Sería ideal que la familia nos proporcionara el apoyo constructivo que necesitamos. Tendríamos una plétora de brazos reconfortantes, palabras y oídos dispuestos a acoger nuestros corazones heridos. Sin embargo, probablemente fue en el seno de nuestras familias donde experimentamos las heridas más significativas y destructivas. Por eso, muchos de nosotros no nos sentimos seguros, cómodos o "en casa" con nuestras familias. De hecho, nuestros familiares pueden ser las últimas personas a las que acudiríamos en busca de apoyo y un sentimiento de conexión.

Sin embargo, es importante tener en cuenta que la esencia de la familia es mucho mayor y más amplia que el pequeño grupo de seres humanos con los que compartimos la misma sangre.

Conectar con la "familia" puede significar simplemente personas en las que confías lo suficiente como para abrirte y ser tú mismo. La "familia" puede ser un grupo al que sabes que perteneces.

Más allá de la interacción entre humanos, hay millones de seres increíbles y formas de experimentar la amistad y la conexión constructiva. Sí, puede que el árbol de tu jardín sea de una especie diferente y tenga una ascendencia distinta a la tuya, pero eso no significa que no puedas desarrollar una amistad profunda. Seguro que hablas más de lo que ladras, pero eso no significa que tú y un amigo de cuatro patas no puedas unir sus corazones y compartir una increíble conexión familiar.

En lugar de excluirnos por inseguridad y miedo a ser juzgados, debemos permitirnos dar un paso adelante y comprometernos, para volver a conectar con la vida que nos rodea y hacer nacer una comprensión más profunda de la familia. Esto es algo que yo llamo "conexión constructiva" o "red familiar de conexión". Es una forma de cambiar nuestra perspectiva y pasar de ver que estamos solos a comprender que estamos rodeados de vida.

Aunque nuestro dolor, miedo y tristeza pueden hacer que el mundo parezca muy pequeño, no lo es. Es un planeta grande y glorioso, lleno de seres increíbles de corazón y de oportunidades para el intercambio de energía vital. Estamos enclavados en una red micelial de energía palpitante y oportunidades, y estamos completamente rodeados de seres conscientes, vivos y que respiran, capaces y preparados para la conexión. Eso te incluye a ti. Puede que no seas la primera persona en la que piensas cuando oyes la palabra "familia" o "amigo", pero como verás, en realidad eres el amigo más importante con el que llegarás a conectar.

Estar incluido dentro de este sistema solar de conexión y pertenencia no es solo algo que deseamos... es algo que necesitamos. Necesitamos saber que no estamos solos y que pertenecemos. Necesitamos sentirnos en casa en nuestras vidas y en nuestros cuerpos. Necesitamos saber que nos cuidan y que tenemos familia. Cuando nos permitimos por fin conectar de verdad con los demás, salimos de nuestro frío y solemne reino del sufrimiento y volvemos a despertar en un reino de pertenencia.

Ejemplos de formas constructivas de conexión:

- Escribir un diario para compartir y escuchar pensamientos y sentimientos personales.
- Salir a pasear solo
- Hablar con un amigo, un consejero, un terapeuta o una persona mayor.
- Asistir a una clase con otras personas (danza, escritura, arte cocina, música, yoga, meditación)
- Equinoterapia
- Observación de aves
- Cultivar un huerto
- Mirando el cielo

Algunas de estas cosas pueden parecer infantiles e innecesarias.

Eso se debe a que asociamos los momentos de descanso, juego y quietud con tiempo perdido. En lugar de permitirnos participar y conectar de forma natural con las personas y el mundo que nos rodea, pasamos cada momento de nuestra vida trabajando, ganando dinero y sobreviviendo. Todo esto tiene sentido... hasta que nos encontramos tristes, solos, perdidos y sufriendo, intentando llenar un vacío en nuestro corazón que ningún dinero, bebida o ascenso laboral puede llenar.

¿Qué crees? Encerrarte en una jaula y pasar cada momento distraído y trabajando toda tu vida no es vivir, es sufrir, y no te lo mereces. Ya está bien de sufrir.

Si realmente quieres curar esas heridas dolorosas de tu interior, date permiso para recibir la conexión y el apoyo que mereces. Da un paso atrás y observa tu vida desde una nueva perspectiva. Mira a tu alrededor, a la milagrosa familia de la vida de la que formas parte y, en lugar de mantenerte alejado de todo, participa en ella. Sal a pasear, estira el cuerpo, escribe en tu diario o llama a un amigo.

AMISTAD

¿QUÉ SIGNIFICA "AMIGO"? PUEDE significar algo diferente para cada uno de nosotros, pero ¿qué significa para ti? ¿Simboliza a alguien que te apoya cuando te sientes mal? ¿Es alguien que te quiere incondicionalmente, sin juzgarte ni avergonzarte? ¿Significa amigo alguien que está dispuesto a decir las cosas como son y a ser sincero cuando otros no lo son?

Para muchos de nosotros, la amistad es conectar con alguien en quien se puede confiar y que nos escucha; alguien que nos honra con el respeto de ser lo suficientemente importantes y queridos como para ser escuchados. Ser un buen oyente requiere presencia, así que se puede decir que un buen amigo es alguien que está presente.

A menudo, no comprendemos quiénes son nuestros verdaderos amigos hasta que atravesamos una situación difícil y realmente necesitamos a alguien. Y somos más propensos a acudir a alguien en quien confiamos y con quien nos sentimos seguros en esos momentos de dificultad. Sin embargo, no todo el mundo puede estar lo suficientemente presente como para ser un buen amigo.

Si no conoces a nadie incondicionalmente cariñoso y atento, quizá ha llegado el momento de empezar a hacer nuevas amistades con gente honesta, amable y que se preocupe de verdad. Pero para conectar con personas amables y dignas de confianza, tienes que ser capaz de reconocer cuándo entras en contacto con ellas. Para ello, tienes que salir de tu jaula y ser más sensible y perspicaz sobre cómo te sientes en presencia de otras personas. Es probable que sientas un cambio sutil en tus sentidos cuando entres en contacto con personas diferentes.

Piensa en cuántas personas amables y buenas probablemente has despreciado porque eras demasiado protector y demasiado crítico para reconocerlas. ¿Cuántas oportunidades divertidas, increíbles y reconfortantes has perdido porque el miedo y la inseguridad te han frenado?

Date permiso para mirar a tu alrededor y ver a todas las personas increíbles que están tan heridas, dolidas y maravillosas como tú. Olvídate de la popularidad y de lo que tienen en común: ¡hazte amigo de alguien con quien no tengas nada en común y aprende algo nuevo! Encuentra a esas personas amables, cariñosas y dignas de confianza a las que les vendría tan bien un amigo como a ti y vuelve a explorar cómo se siente la verdadera amistad.

Además, es importante tener en cuenta que algunas personas sufren mucho y no han recibido la sanación que necesitan. Es posible que busquen una conexión contigo y que sus necesidades pidan más de lo que tú puedes ofrecerles.

Tal vez se están acercando a ti a diario y esto empieza a parecerte dañino y abrumador. Si es así, es posible que tengas que discernir cómo interactúas con ellos. Aunque puede que no seas tú quien les ayude, eso no significa que haya motivo para juzgarles o ser hiriente con ellos.

Puedes seguir siendo un amigo honesto y comprensivo ayudándoles a encontrar el apoyo que necesitan, que puede ser el de un terapeuta, entrenador o consejero calificado.

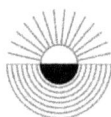

¿Cómo describirías a un verdadero amigo?
¿Has tenido alguna vez un amigo íntimo que no fuera humano?

AMISTAD CON EL YO

Ahora una pregunta muy importante:

¿Qué clase de amigo eres contigo mismo?

¿Cuántas veces has necesitado apoyo o alguien que te recuerde que no estás solo, y sin embargo tú mismo no tienes tiempo para estar ahí para ti? Cuando te sientes triste, desconectado, confuso y necesitado, ¿qué haces?

Puede que hables de cómo amigos, amantes y familiares te han abandonado y no han estado ahí cuando los necesitabas, pero ¿qué pasa contigo? ¿En qué momento firmaste una renuncia a estar siempre demasiado ocupado, demasiado bien o demasiado dañado para aparecer por ti mismo? ¿Quién abandona a quién?

Para entender mejor qué clase de amigo eres para ti mismo,

pregúntate: ¿Cómo hablo conmigo mismo cuando no hay nadie? Dentro de tu cabeza, cuando nadie más puede oírte: ¿qué te dices a ti mismo? ¿Te dices cosas hirientes? ¿Te juzgas? ¿Te obligas a ponerte la mochila de la vergüenza y a caminar con la cabeza por el suelo?

Si has sido un amigo negligente contigo mismo, no es culpa tuya. A la mayoría de nosotros no nos enseñaron a ser buenos amigos de nosotros mismos ni de los demás. Nos enseñaron a desconectarnos e insensibilizarnos. En lugar de sentirnos lo bastante seguros como para estar presentes y permitirnos ser abiertos, sensibles y receptivos, aprendimos a estar cerrados y divididos de nuestro verdadero yo. Pero ¿tu tendencia a ser duro, crítico e indiferente hacia ti mismo te sirve? Si no es así, ¿qué clase de amigo quieres ser para ti mismo?

Cuando te sientes solo y desesperadamente necesitado de alguien que te rodee con apoyo y amor incondicional, ¿quieres estar ahí para ti mismo?

Si de verdad quieres elevarte y vivir todo el potencial del que eres capaz, trátate como lo haría un amigo cariñoso y afectuoso. Sé alguien que se preocupa y escucha.

Esto significa permitir que tus oídos, ojos y corazón estén en el momento presente y se unan a la persona que está hablando, incluso (especialmente) si esa persona eres tú. En lugar de centrarte en lo que tienes que hacer o en lo que va a ocurrir a continuación, deja de hacer lo que estás haciendo y escucha.

En lugar de abandonarte a ti mismo en un momento de crisis, preséntate y sé tú mismo. Acércate de verdad, escúchate y responde como el verdadero amigo que eres capaz de ser. *¿Estás bien? ¿Qué ha pasado? ¿Cómo te encuentras? Te quiero y no estás solo en esto.*

Si bien no tienes todo el derecho, el control o la capacidad de elegir cómo se desarrollan las relaciones con los demás, sí tienes todo el poder para determinar qué tipo de relación quieres tener contigo mismo. Es algo que tú decides cuidar... o no. Cuando recuerdas todo lo que has pasado en tu vida, ¿no tiene sentido tratarte con amabilidad, honor y respeto? ¿No te beneficiaría a ti (y a todos los que forman parte de tu vida) comprometerte a dejar de ser abusivo y, en su lugar, escucharte a ti mismo y ser un buen amigo?

Cada vez que tomas la decisión de ser un verdadero amigo para ti mismo, empiezas a ver las cosas de manera diferente. Empiezas a mostrarte diferente y a ser un mejor amigo para todos los demás también

¿Qué clase de amigo eres para ti mismo?
¿Qué clase de amigo te gustaría ser contigo mismo?

ESCRIBIR UN DIARIO: UNA PUERTA SAGRADA

En honor a cultivar una amistad sana y fuerte contigo mismo, a veces lo que necesitas más que nada es nada. Un rato a solas, sin nada que hacer y sin nadie más que tú mismo. Tiempo para relajarse, reflexionar, escuchar y ser escuchado. Una forma muy poderosa de conseguir este tiempo a solas tan necesario y medicinal es escribir en un diario.

Escribir un diario es una poderosa herramienta para cultivar nuestra amistad con nosotros mismos y sentirnos escuchados y sostenidos en nuestra propia presencia. También es una forma increíblemente útil de enfrentarnos a nuestra evasión y honrar la verdad que llevamos dentro.

Como el universo es tan vasto y expansivo, hay mucho que no entendemos y mucho del misterio de la existencia que no podemos ver. Cuando te permites ser un estudiante curioso, tomando notas de los maestros y guías que viven dentro de tu corazón, encontrarás mundos de posibilidades y realizaciones esperando a ser descubiertos. Al permitirte escribir de forma creativa y libre, te abres a lo que existe más allá de tu visión física y das la bienvenida a niveles superiores de visión y comprensión.

Si has intentado escribir tus pensamientos y sentimientos pero no te sale nada, sigue intentándolo. Como en cualquier amistad, puede llevar tiempo sentirse lo bastante seguro en presencia de uno mismo como para ser abierto y sincero. Intenta no juzgarte y confía en que todo lo que llegue a la página es importante.

Si te encuentras desviándote del tema original, reflexionando sobre recuerdos que habías olvidado, déjate llevar. Ve adónde te lleva y mantente abierto a lo que intenta revelarse. Puede que descubras que no es solo dolor y negatividad lo que necesita aliviarse de tu ser, sino también percepciones increíbles, sabiduría profunda y visiones de sueños que estás listo para despertar.

REDES SOCIALES

LAS REDES SOCIALES SE CONSIDERAN un lugar de conexión, amistad e intercambio de información. Es una comunidad en línea donde muchos de nosotros nos sentimos vistos y escuchados. Aunque no son una fuente de noticias, a menudo se consideran como tal y, por eso, podemos considerar que lo que leemos en ellas es la verdad.

Sin querer ir demasiado lejos en la madriguera del conejo, las plataformas de medios sociales son corporaciones de propiedad privada que están haciendo un montón de dinero con nuestra atención y participación. Esto significa que son entornos sesgados que a menudo no son reflejos auténticos, puros u honestos de lo que realmente sucede en el mundo. Sí, hay amigos reales, historias reales y acontecimientos reales. Sin embargo, más allá de eso, puede ser una zona de guerra de distracción y ego; un entorno que apoya el comportamiento inconsciente y adictivo.

Dado que las redes en línea se han convertido en una forma tan prominente para nuestra especie de comunicarse y obtener un sentido de conexión, tiene sentido continuar nuestra relación con ellas. Sin embargo, hay claves para garantizar que sea una relación constructiva: intención consciente y discernimiento.

Antes de entrar, pregúntate *¿Qué estoy buscando en este momento?*

La mayoría de las plataformas de redes sociales están diseñadas para ser persuasivas, seductoras y altamente adictivas, así que ten en cuenta que estás entrando en el laberinto bien pensado de otra persona. Como si fueras un alcohólico en recuperación entrando en una licorería para buscar una botella de agua, es esencial que te pongas a tierra antes de abrir la puerta y tengas claras cuáles son tus intenciones.

¿Buscas correspondencia con una persona concreta? ¿Quiere informar a tus amigos de un acontecimiento?

Entonces pregúntate *¿cuánto tiempo quiero estar ahí?*

Tu vida es muy importante, y también lo son cada uno de los momentos que tienes para estar vivo. Hay muchas cosas que podrías estar haciendo con tu tiempo. Adelante, ofrécete una ventana en las redes sociales, pero sé exigente con el tiempo que dura. *¿Cinco minutos? ¿Quince minutos? ¿Treinta minutos?*

Si estás en las redes sociales porque te aburres, sal a la calle. Busca un parque cerca de casa. Llama a un amigo. Aprende a tocar la guitarra.

Cómprate un libro de astronomía. Busca una lupa y túmbate en tu jardín. Haz algo real en este mundo maravillosamente real.

ASESORAMIENTO

A VECES, NECESITAS MUCHO MÁS que un rato a solas, una charla rápida o incluso una larga conversación sincera. A veces, necesitas a alguien que te escuche y que te ayude constructivamente a procesar el dolor y las dificultades. Puede que no tengas a nadie en tu vida que parezca capaz de acompañarte, pero afortunadamente hay personas que sí pueden.

Ya sea un psicoterapeuta, un consejero o un coach de vida, hay personas que han invertido años de investigación, estudio y práctica en ayudar a los demás en el proceso de sanación. Como resultado, tienen conocimientos, experiencia y son capaces de ayudarte en esos momentos difíciles.

El problema es que no todo el mundo se siente inspirado o entusiasmado por considerar el apoyo de la psicoterapia o el asesoramiento. Dado que gran parte de nuestra cultura considera que acudir a un terapeuta significa que tienes "algo malo", puede haber resistencia y prejuicios hacia la psicoterapia y otras formas de apoyo a la salud mental.

La realidad es que estás dando un paso hacia la sanación. Te estás moviendo en la dirección correcta, lo cual es un signo de tu estado mental saludable. Puede que alguien te juzgue o te avergüence, pero eso es una muestra de su estado mental, no del tuyo. En la mayoría de los casos, alguien que no puede entender el beneficio del apoyo mental y emocional puede estar en negación y probablemente necesite un consejo constructivo.

Cuando estés preparado, intenta encontrar a alguien con quien te sientas realmente cómodo, con quien sientas un deseo natural de abrirte. Investiga sobre terapeutas, consejeros y asesores en tu zona, o busca a alguien con quien puedas hablar por teléfono o por Internet. En la medida de lo posible, intenta encontrar a alguien en quien puedas confiar.

Además, ten paciencia contigo mismo y con la persona con la que buscas consejo. La confianza tarda en despertarse, así que puede que necesites unas cuantas sesiones antes de estar preparado para desplegar tu verdad. Si lo has intentado y no te sientes identificado, hay alguien ahí fuera con quien te sentirás identificado, pero puede que tardes en encontrarlo.

¿Quizá es el precio lo que te intimida o te parece inalcanzable? Piensa en lo siguiente: *¿Cuánto te gastarías en arreglar tu auto si el motor estuviera roto y no pudieras ir a ningún sitio hasta que lo arreglaran?* Probablemente mucho. Si tu corazón está roto, ¿no merece el mismo cuidado que tu vehículo? Aunque en realidad no podamos ver dentro de nuestra mente o de nuestro corazón, el mundo que llevamos dentro requiere el mismo cuidado, atención y mantenimiento que el mundo que tenemos fuera. Si la terapia está fuera de tu alcance económico, considera la posibilidad de buscar profesionales que estén dispuestos a ajustarse a tu presupuesto, o busca sitios y aplicaciones en Internet que ofrezcan un asesoramiento más asequible.

Si te permites abrirte y conectar con alguien que pueda ayudarte a sanar, no solo estarás dando la bienvenida a tu propia sanación, sino que también favorecerás la sanación de tu familia, tu matrimonio, tus amistades, tu negocio y tu futuro, y eso vale más que cualquier cosa a la que puedas poner precio.

PLANTAS MEDICINALES

Soy muy consciente de que la medicina de las plantas sagradas es un tema controversial y de que, definitivamente, no resuena con todo el mundo, ni es el camino correcto para todo el mundo. Al compartir información sobre ella, no fomento su uso. Sin embargo, esta forma de terapia ha desempeñado un poderoso papel en el apoyo a muchas personas en su viaje para sanar traumas no resueltos (incluyéndome), por lo que me parece importante hablar de ello. Si no te interesa, puedes saltarte esta sección.

Aunque las plantas psicodélicas se ven a menudo a través de una lente de juicio y negatividad, son mucho más medicinales, curativas y estimulantes de la conciencia que la percepción que se les tiene de ser adormecedoras de la mente. De hecho, tras años de estudio e investigación en profundidad, los científicos han avanzado a pasos agigantados en el descubrimiento de los efectos curativos de los psicodélicos sobre la salud mental y emocional. Poco a poco, se han dado cuenta de que las plantas psicodélicas son realmente medicinales. Con ello, estas plantas sagradas están recuperando poco a poco su honor y siendo legalizadas en ciertos lugares de EE.UU. y de todo el mundo.

¿Qué las hace tan poderosas? Pues bien, estas plantas únicas poseen cualidades psicoactivas que alteran nuestra percepción de la realidad. Dado que gran parte de nuestra comprensión de la realidad está tejida con historias del pasado y depende de ellas, derriban rápidamente los muros de la jaula y nos llevan a un estado de presencia y conciencia.

Participar en esta forma de sanación no consiste en divertirse, perderse, olvidarse de todo y pasarlo bien. Se trata más bien de escuchar conscientemente, contemplar y recordar el sufrimiento, el dolor y las heridas interiores. Cosas que quizá no se puedan calificar de divertidas, pero sí de necesarias.

En muchos sentidos, este cambio de la inconsciencia a la consciencia puede ser una experiencia sorprendente e incómoda para cualquiera que no esté preparado para presenciar la verdad con tanta intensidad. Especialmente para aquellos que no han invertido tiempo en observar sus heridas o que viven en una jaula de inconsciencia de paredes gruesas. En general, deberíamos ser extremadamente conscientes y precavidos con cualquier cosa que altere la mente. Dado que los psicodélicos tienden a abrir la gruesa coraza de la inconsciencia y a iluminar los rincones oscuros en los que nos escondemos, el viaje en el que nos embarcan puede ser intenso. Y a veces lo necesitamos. A veces necesitamos echar un vistazo intenso a lo que estamos evitando para poder entender la verdad de lo que realmente está pasando dentro de nosotros.

Lo más probable es que, una vez que sepamos cómo enfrentarnos a la evasión, mirar nuestras heridas, sentir nuestras emociones y soltar todo lo que llevamos dentro, ya no necesitemos su apoyo. Al igual que con un terapeuta, puede que solo necesitemos estar con ellos el tiempo suficiente para cambiar nuestra perspectiva, dejar atrás el pasado y estar más presentes. El tiempo suficiente para animarnos a ir hacia nuestro interior y encontrar las pistas y respuestas para curarnos del sufrimiento.

NUESTROS ANCIANOS

NUESTROS ANCIANOS SON VALIOSOS guardianes de la sabiduría, de importantes conocimientos y guías de los que podemos aprender. En muchos sentidos, los ancianos son como árboles: tranquilos y quietos, observándonos pacientemente mientras corremos y tropezamos en círculos de prisa. Quizá nosotros no los veamos, pero ellos nos ven a nosotros, y aunque creamos que no los necesitamos, sí los necesitamos.

Independientemente de la edad, cada ser humano lleva en su interior un libro único de sagrada perspicacia y experiencia vital, y tenemos mucho que aprender unos de otros. De hecho, puede que te sorprendan las joyas ocultas de conocimiento y sabiduría que hay en alguien, especialmente en aquellos que han vivido durante muchas décadas y han sido testigos de los efectos de la guerra, el cambio político y la transformación cultural.

¿Te preocupa la muerte? Pregúntale a alguien que se ha despedido con valentía de casi todos sus seres queridos. ¿Sientes curiosidad por el amor? Habla con alguien que estuvo casado con su cónyuge durante 50 años y podrá hablarte de paciencia y resistencia. ¿Estás intentando superar lo infeliz que estás con tu cuerpo? Habla con alguien que ya no puede andar y que daría cualquier cosa por mover las caderas y bailar como tú.

Me doy cuenta de que algunas personas son "viejas y cascarrabias". Es muy difícil estar con ellos, y lo último que quieres hacer es referirte a ellos como un sabio "anciano" y pasar intencionadamente el rato con ellos. Si ese es el caso, mi sugerencia es que tengas paciencia y creas en el poder y las formas contagiosas de la conciencia. La realidad es que puede que nunca hayan recibido la sanación que necesitaban y, como resultado, no hayan evolucionado fuera de un ego denso y constrictivo. Sin embargo, solo porque no estén conscientes y presentes, no significa que tú no puedas estarlo.

Aunque al principio no se sienta cómodo, experimenta con ser un oyente compasivo y presente. Siente al niño herido que llevan dentro y cree en la conciencia y la sabiduría que hay en lo más profundo de su corazón.

Al hacer esto, no solo creas un entorno de apoyo para que se eleven a su yo más presente y sabio, sino que también nutres tu propia conciencia. Esencialmente, fortaleces al anciano sabio que llevas dentro. Y eso es algo que este mundo necesita. Necesitamos seres sabios, con los pies en la tierra y compasivos que lideren, guíen y transmitan conciencia a los demás.

Así pues, contradice la carrera frenética de la vida y frena lo suficiente para caminar compasivamente junto a alguien que apreciaría tu compañía. Déjate llevar por la humildad y aprende todo lo que puedas. Al hacerlo, harás de este mundo un lugar mejor.

¿Se te ocurre algún anciano en tu vida que podría apreciar pasar tiempo contigo?

HERRAMIENTAS DE CONEXIÓN

Aunque en el pasado no me haya sentido lo suficientemente
seguro y confiado, ahora puedo ser honesto sobre lo que estoy
pasando y saber que soy lo suficientemente fuerte como para
tender la mano y buscar el consejo que necesito.

◆

Un verdadero amigo es alguien que aparece,
escucha y ofrece aceptación incondicional.
Es hora de que sea un verdadero amigo para mí mismo.

◆

En este mundo hay algo más que humanos.
Puedo explorar un sentido de conexión y amistad con
las plantas, los animales y la naturaleza.

◆

Si y cuando me involucro con las redes sociales, puedo
establecer intenciones constructivas y parámetros para el
tiempo que planeo participar de manera que permanezca
consciente, presente y empoderado.

◆

Si mis necesidades de consejos no están siendo satisfechas,
puedo considerar la posibilidad de acudir a un terapeuta o
asesor que pueda ayudarme a trabajar a través de las dolorosas
luchas y desafíos de la vida.

◆

Los ancianos son una parte muy importante y a menudo poco
apreciada de nuestra familia cultural. Quizá haya llegado el
momento de entablar amistad con personas mayores.

12.
LIBERAR

Acción o proceso de liberar o ser liberado.

La liberación es el arte de *dejarse llevar*.
No tenemos por qué encerrar nuestro dolor. De hecho, ninguno de los dolores, tristezas o penas que sentimos está destinado a ser encerrado y almacenado en nuestro interior.

Ejemplos de experimentar la LIBERACIÓN:

- Llorar
- Hablar
- Pedir disculpas
- Escribir
- Cantar
- Dibujar
- Estirarse
- Caminar
- Reír

Mientras que la conexión es el canal que nos une a los demás, la liberación es dejar que la energía se mueva y fluya fuera de ese canal. Como si finalmente nos liberáramos de las garras de la jaula, al soltarnos liberamos lo que ha estado bloqueado y protegido en nuestro interior.

En orden: primero identificamos la realidad de dónde estamos heridos, luego nos inclinamos para sentir y comprender el dolor. Una vez que hemos logrado esto, tenemos una idea más clara de lo que necesitamos y podemos empezar a satisfacer nuestras necesidades buscando apoyo conectivo y liberando la energía de forma constructiva.

Observa: *¿Qué está pasando ahora? ¿Qué ocurrió en el pasado?*

Siente: *¿Cómo me siento? ¿Dónde me duele? ¿Dónde tengo miedo?*

Conecta: *No estoy solo. Puedo relacionarme con el mundo que me rodea.*

Libera: *No necesito aferrarme a esto por más tiempo. Puedo dejarlo ir.*

La liberación es una necesidad muy importante. Para la mayoría de nosotros, es algo que necesitamos hacer con frecuencia. Incluso a diario. Cada día, comes varios alimentos que te proporcionan nutrientes y energía. Tu cuerpo digiere y absorbe los ingredientes valiosos necesarios para la supervivencia, y luego realiza una función muy natural de extraer y soltar el resto.

Este proceso es esencial en tu viaje de estar vivo y tener un cuerpo activo y vivo. No se trata de elegir si quieres dejarlo ir o no. Es una cuestión de lo que debe ocurrir para que continúes estando sano y vivo, porque solo hay espacio dentro de tu cuerpo para retener la materia extra que no pertenece allí.

Del mismo modo, cuando se abre el canal de conexión del corazón, nos permitimos liberar la energía emocional almacenada en nuestro interior. Ya sea ira, tristeza, alegría, pena o amor, cada sentimiento encierra energía que necesita moverse y liberarse de nuestro ser.

Si no la liberamos, nos estreñimos emocional y enérgicamente. Nuestro corazón y nuestra mente se llenan con la carga de todo lo que llevamos dentro. Nos sentimos agobiados por el lodo tóxico de nuestro dolor y nuestro miedo.

La solución es *dejarlo ir.*

Cada vez que nos abrimos y hablamos o lloramos, nos desenredamos del dolor y liberamos esa pesada presión de nuestro interior. Nos liberamos. Esto es algo que tú, yo y todos nosotros merecemos: ser libres del sufrimiento.

SER HONESTOS

¿Alguna vez has guardado un secreto dentro de ti durante mucho tiempo? ¿Cuál era?

Lo más probable es que, tanto si eres consciente de ello como si no, te sientas sucio y pesado en tu interior. Es como si un líquido espeso recubriera el interior de tu corazón. Puede que te sientas agobiado por la vergüenza y el autojuicio de percibirte débil o mentiroso.

Piensa en esa casa interior donde la inconsciencia crece como el moho y todas las ventanas y puertas están tapiadas por el miedo y el dolor: esas ventanas y puertas son las salidas y los puntos de acceso para la expresión y el intercambio de energía.

Al permitirnos observar, sentir, conectar y liberar conscientemente las emociones y las historias que llevamos dentro, derribamos las barreras que nos han estado protegiendo durante tanto tiempo. Abrimos la puerta para dejar que la luz fresca y purificadora de la verdad limpie nuestro ser. Al igual que cuando traemos la luz limpiadora de la conciencia para transformar las áreas de inconsciencia de nuestras vidas, la misma frecuencia de limpieza se enciende cuando liberamos las emociones, los recuerdos, los miedos, las verdades y las palabras almacenadas en nuestro interior.

Esta experiencia de liberación ocurre abriéndonos y hablando de ello.

Comunicándonos, escribiendo, compartiendo, llorando y expresándonos.

Al igual que cepillarse los dientes y lavar la ropa para la higiene personal, es igual de importante mantener la mente y nuestros seres emocionales limpios y saludables. Si nos damos continuamente permiso para abrirnos y despejar nuestros pensamientos, emociones y miedos, vivimos en un estado más limpio y saludable.

El acto de liberar y ser honestos.

EXPRESA TU VERDAD

¿Y SI TODO ESTO SUENA INCREÍBLE pero eres demasiado tímido, inseguro y te aterroriza salir de tu jaula de seguridad y abrirte a los demás? Una forma de empezar es preguntarte a ti mismo: ¿Tengo miedo de abrirme y ser completamente sincero con los demás sobre lo que estoy viviendo y lo que he vivido? Si es así, ¿por qué?

Quizá te sientas identificado con algunas de estas razones:

- *No quiero que me juzguen ni que me abandonen.*
- *No quiero agobiar ni incomodar a nadie.*
- *No sé con quién conectar.*

En esencia, optamos por no abrirnos a los demás porque tenemos miedo. Nos avergüenza lo que estamos viviendo. Como sabemos lo que se siente al ser juzgado, abandonado y defraudado, hacemos todo lo que está a nuestro alcance para evitarlo. Así que evitamos ponernos en un espacio vulnerable e íntimo de honestidad.

Por desgracia, la vergüenza se nutre del secretismo, y si permites que tu miedo te controle, entonces tomas la decisión de permanecer en silencio y encerrado dentro de la jaula.

No te mereces eso. Recuerda que ya no quieres sufrir. Para liberarte de esa jaula de aprisionamiento, tienes que saber que estás a salvo y que eres lo suficientemente fuerte para hacerlo. Esto significa que tienes que reabrir valientemente tu corazón a la confianza. Tienes que empujar más allá de tus miedos y temores y explorar cómo es conectar con el mundo que te rodea.

Y lo haces utilizando tu voz. Al igual que un gato que maúlla, un perro que ladra o un pájaro que pía, tú tienes una voz que te permite comunicarte y compartir mensajes con los demás. Para conectar activamente con el apoyo que necesitas, tienes que utilizar esta herramienta sagrada hablando y expresando tu verdad.

Al permitirnos no solo reconocer el dolor, sino también expresarlo, hacemos algo para cambiarlo. Empezamos a transformar el miedo y la evasión en honestidad y comunicación. Al hacerlo, ganamos fuerza, seguridad y confianza en nosotros mismos. Darnos permiso para explorar la confianza no significa que de repente hayamos descubierto cómo no volver a salir heridos, sino que tomamos la decisión consciente de vivir la vida independientemente de lo que pueda ocurrir.

Porque el dolor es una circunstancia natural e inevitable de la vida -como el nacimiento, como la muerte-, no podemos evitar que ocurra ni mantenernos alejados de él para siempre. En algún momento, tenemos que salir de nuestra jaula y volver a intentarlo. Tenemos que confiar en que, aunque hayamos sufrido heridas y personas dañinas en el pasado, también hay muchas personas amables en este mundo, y que el futuro está lleno de experiencias nuevas, desconocidas y maravillosas esperando a que sucedan.

Do you ever find yourself holding back your voice?
What would it feel like to fearlessly use it?

EL ESPACIO INTENCIONAL DE COMPARTIR

HAY QUE TENER EN CUENTA UNA COSA: no todo el mundo está dispuesto a mirar la verdad, y mucho menos a hablar de ella. Aunque hayas descubierto un nuevo deseo y pasión por hablar de tus sentimientos y necesidades, no todo el mundo estará interesado en unirse a ti. Por esta razón, es importante discernir con quién decides abrirte, procesar y liberar. De este modo, trabajarás para sanar y no para regenerar más heridas, dolor y vergüenza.

Una buena manera de averiguarlo es simplemente comunicar tu deseo de comunicarte. Esto puede ser muy útil para adelantarte a lo que pretendes lograr a través de la comunicación, y puede ser un buen indicador de si la persona es ideal para hablar.

Y lo que es más importante, si acceden a conversar contigo y resulta que lo que comparten no es amable o no está alineado con lo que es verdadero para ti, eso no debería determinar cómo te sientes contigo mismo.

A cada uno de nosotros se nos ha regalado la experiencia de la vida humana y toda una vida de lecciones, retos y oportunidades para crecer. No hay dos individuos iguales, y nadie está aquí con exactamente la misma lista de cosas por hacer. Cada uno de nosotros es único, y eso incluye nuestro camino espiritual.

Cuando sigues lo que sabes que es correcto en tu corazón y dices tu verdad, la reacción y respuesta de los demás no debería determinar cómo te sientes contigo mismo. Si tu verdad no es apreciada, respetada o alineada con lo que otra persona siente o cree, está bien.

Tu intención no es herir a nadie. Es traer la luz de la conciencia a las áreas que están ensombrecidas por la vergüenza, el miedo y el desconocimiento. Cuando vienes desde un lugar de presencia, honestidad y amor, estás trayendo eso al mundo. Tal vez no lo sientas así en el momento, y tal vez no sea correspondido por aquellos con los que compartes tu verdad pero, al final, tendrá sentido.

Siguiendo con devoción el camino iluminado dentro de tu corazón, serás guiado hacia una verdadera familia de amigos y seres queridos que son lo suficientemente fuertes como para acoger tu verdad y apreciar cada una de tus cualidades únicas y divinas.

UN BUEN LLANTO

Aunque llorar no sea algo que nos permitamos hacer muy a menudo (o nunca, en algunos casos), es algo que sabemos hacer de forma natural. Lloramos cuando estamos tristes. Lloramos de alegría. Lloramos de risa. En el fondo, todos sabemos llorar: nacimos haciéndolo. Literalmente, la mayoría de nosotros nacimos llorando.

De hecho, llorar es muy bueno para el cuerpo, ya que

- Mejora el estado de ánimo
- Mejora la visión
- Refuerza la capacidad de comunicación
- Elimina bacterias
- Libera toxinas

Sin embargo, en algún momento, el llanto adquirió muy, *muy* mala fama. Como si hubiera una campaña para mantener a los humanos encerrados, enfermos y desensibilizados.

Para muchas personas, llorar delante de alguien suele ser una experiencia acompañada de vergüenza, bochorno y una disculpa verbal. Nos sentimos mal por llorar. Nos disculpamos por sacar a los demás de su acogedora jaula y hacer cualquier cosa que les anime a sentir. Así que lo evitamos. Nos tragamos las lágrimas y fingimos que no están ahí. Enterramos nuestros sentimientos y nos convencemos de que somos más fuertes que los sentimientos, de que podemos con todo.

Cuando otra persona llora, sentimos al instante cariño, compasión y ternura, y eso en sí mismo es aterrador para muchos de nosotros. Criados en una cultura que evita cualquier cosa remotamente parecida a la vulnerabilidad, no nos sentimos cómodos ni preparados para la conexión y la intimidad que las lágrimas de otras personas evocan en nosotros, por lo que a menudo decimos "calla, no, no, no llores". Aunque estas palabras pueden proceder de una intención inocente de calmar el dolor de alguien, no lo consiguen necesariamente. Solo anima a la persona a tragarse las lágrimas, en lugar de expresar y liberar abiertamente la energía que lleva dentro.

Aunque en el momento pueda parecer antinatural simplemente dar espacio a alguien que está llorando, es lo más solidario que podemos ofrecer a los demás mientras experimentan la liberación. Al ser lo suficientemente fuertes como para superar la evitación de la intimidad y los sentimientos, les rodeamos de seguridad y les damos permiso para seguir sanando a través del acto sagrado de llorar. Les permitimos sentirse seguros y aceptados, lo que les ayuda a liberarse del juicio hacia sí mismos.

Tanto si eres tú quien llora como si es otra persona, estar en presencia de las lágrimas es una ruta directa al corazón. Como una llave de oro que abre instantáneamente la jaula, nos abre a reinos expansivos de compasión, sensibilidad y sentimiento.

Como hemos estado tan mal informados durante tanto tiempo, el acto de aceptar las lágrimas es valiente, rebelde y revolucionario. Es un reflejo de la verdadera fuerza, confianza e inteligencia de nuestras mentes, cuerpos y corazones.

¿Alguna vez te has disculpado o sentido mal por llorar?
¿Qué sentirías si te permitieras llorar en cualquier momento y lugar?

EL PODER DE LAS LÁGRIMAS DE UN HOMBRE

DURANTE GRAN PARTE DE MI VIDA, consideré que las mujeres eran superiores a los hombres. Creía que a las mujeres se les daba el extremo corto de la vara, si se les diera la vara entera, la convertirían en una mágica que sanaría al mundo.

Lamentablemente, la injusticia es palpable. Los hombres son los que generan la mayor parte de la violencia, las violaciones y los abusos. Gobiernan casi todos los países y dominan los gobiernos, las industrias bancarias, los ejércitos, las fuerzas policiales, las industrias médicas, las industrias del entretenimiento, las industrias petroleras, las industrias automovilísticas, los mercados de valores y el tráfico de personas. Es fácil sentirse abrumado y repugnado por el hecho de que las mujeres estén continuamente soportando tantas heridas y ciclos de trauma, y los hombres a menudo tienen mucho que ver en ello.

Sin embargo, los hombres han sufrido en muchos aspectos tantos abusos y maltratos como las mujeres, pero sus heridas se disimulan y se pasan por alto.

De hecho, estudios demuestran que los niños expresan una gama más amplia de emociones que las niñas cuando son bebés. Sin embargo, las ideas tradicionales sobre la masculinidad y los roles de género suelen disuadir a los niños de mostrar sus emociones a medida que crecen. Desde pequeños, se les suele decir

184 LA GUÍA DEL CORAZÓN EMPODERADO

que "los chicos no lloran" y, durante la mayor parte de su vida, aprenden a embotellar todo lo que llevan dentro y a guardarlo bajo llave. En la adolescencia, la mayoría de los jóvenes se avergüenza de llorar. También es la edad en la que los hombres jóvenes empiezan a experimentar depresión y sentimientos de pérdida y desplazamiento.

¿Cuántos jóvenes y adultos tiernos, cariñosos, vulnerables y abiertos de corazón se ven obligados a construir jaulas alrededor de sus corazones y tragarse sus sentimientos y lágrimas? ¿Cuántos hombres (y mujeres) jóvenes van a la guerra porque ya están insensibilizados y asustados, y solo quieren sentirse conectados, dignos y parte de algo?

Cuando no hablamos, lloramos, nos abrimos, compartimos, conectamos y liberamos el dolor reprimido que llevamos dentro, nos quedamos en silencio. Cerramos todas las puertas y ventanas de la habitación de nuestro corazón y nos impedimos sentir y estar vivos en este mundo.

Por desgracia, el silencio equivale a violencia. Cuando silenciamos nuestro corazón, nos deprimimos, nos cerramos y nos volvemos violentos, y ahí es donde acaban muchos hombres.

Si no damos el salto gigante y valiente de acoger a los hombres de todas las edades en esta importante labor de empoderamiento vulnerable y libertad emocional, seguiremos experimentando el desequilibrio cultural y viviendo en un mundo en el que los insensibilizados y los que tienen el corazón roto llevan la voz cantante de forma irracional e injusta.

Cada vez que un hombre se permite llorar, el dolor colectivo se transforma gradualmente, y estamos un paso más cerca de sanar a toda nuestra especie de esta dolorosa red de sufrimiento colectivo.

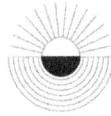

¿Conoces a algún varón al que le vendría bien sentirse lo suficientemente seguro como para llorar? ¿Se te ocurre alguna forma de proporcionarles personalmente un espacio acogedor y seguro que les permita vivir esa experiencia tan necesaria de liberación y sanación?

LA CORRIENTE DEL RÍO

PARA MUCHOS DE NOSOTROS, LA IRA es una válvula de escape para expresar nuestro dolor. Como ya hemos dicho, es una forma natural de salvaguardar lo que queremos y cuidamos. Por esta razón, no necesitamos juzgarnos o ser duros con nosotros mismos cuando nos enfadamos. Tampoco queremos reprimir los sentimientos de ira no expresados, ya que pueden ser perjudiciales para nuestra salud y bienestar, provocando que nos sintamos ansiosos, agobiados y estancados (sufriendo).

Dado que la ira consiste en miedo acumulado, dolor y emociones inconscientes que necesitan ser liberadas, es esencial que la reconozcamos y sintamos conscientemente, para luego liberarla constructivamente de nuestro ser.

Por desgracia, muchos de nosotros no lo hacemos. En lugar de trabajar constructivamente con los sentimientos incómodos y liberar la energía, terminamos siendo agresivos (o pasivo agresivos) y destructivos, tales como pasa al:

- Decir algo hiriente o criticar
- Levantar la voz y gritar a alguien
- Tirar algo

- Romper algo
- Herir físicamente a alguien

¿Realmente quieres herir a alguien? ¿Realmente quieres crear heridas y traumas que potencialmente generarán vergüenza, tristeza y sufrimiento en otra persona? No, no quieres. En el fondo, nadie quiere. Sin embargo, podríamos estarlo. Podríamos muy bien estar eligiendo liberar destructivamente nuestra ira porque:

- No sabemos cómo liberarla constructivamente.
- Se siente bien.
- No vemos nuestra ira como algo problemático.

El problema de utilizar la ira como medio de liberación es que a menudo crea más heridas, traumas, remordimientos y vergüenza, lo que en última instancia aumenta el peso de lo que estamos cargando. Puede que te alivie blandir los puños, pero en el momento en que entran en contacto con alguien o algo, tus acciones se vuelven destructivas.

A menos que estés literalmente intentando salvar la vida de alguien y necesites esa dosis feroz de adrenalina para tener la fuerza sobrehumana necesaria, ponerte agresivo no es la solución. Aliviarse levantando la voz, gritando e intimidando a los demás no es la resolución a largo plazo necesaria para sanar y hacer del mundo un lugar mejor. Siempre es importante recordar que la ira es una respuesta. Es el efecto de la causa del dolor y el miedo. Puede parecer una montaña traicionera de la que brota lava, pero en realidad es un inocente y tierno torrente de lágrimas.

Eres más fuerte que eso. Sabes que la defensa conduce al sufrimiento, y tienes el poder de elegir de forma diferente y más sabia. En lugar de dejarte arrastrar por el tentador juego del ping pong de bolas de fuego con alguien, puedes elegir honrar la verdad de lo que realmente está pasando y quitarte la máscara.

Si te permites observar, sentir y liberar lo que realmente ocurre en tu interior, tienes el poder de permanecer presente y decidir si realmente quieres ponerte agresivo o no. Si no, puedes tomar la decisión de actuar conscientemente para superar la situación, en lugar de reaccionar inconscientemente ante ella.

Una vez revelada la emoción oculta, la energía bloqueada tiene un lugar donde liberarse, como el caudal de un río. A veces parece que te quitas un peso de encima. A veces sientes que necesitas sollozar y llorar. Independientemente de cómo te sientas en ese momento, cada vez que dominas el arte de quitarte la máscara, te sientes más fuerte, con los pies en la tierra y más seguro de ti mismo. Le quitas el timón al miedo y potencias la fuerza de la conciencia que llevas dentro.

DISCULPARSE

Aprender a tener los pies sobre la tierra y a elegir una liberación consciente en lugar de dejarnos arrastrar por una ola inconsciente de emociones no siempre es fácil. Requiere paciencia y práctica. Una forma de ir más allá de tu zona de confort y soltar lo que guardas en tu interior es ofrecer una disculpa.

Esto puede ser más fácil decirlo que hacerlo, sobre todo cuando nos hemos sentido muy cómodos viviendo detrás de los muros aparentemente seguros de la jaula. Disculparse significa enfrentarse a la parte de nosotros que está apegada a protegernos y defendernos constantemente. Significa admitir con valentía que nos equivocamos, lo que implica llamar la atención y tomar conciencia de nuestra vulnerabilidad.

Esto puede no ser cómodo, especialmente si hemos pasado gran parte de nuestras vidas esforzándonos por no sentirnos expuestos o vulnerables. Reconocer que nos equivocamos también significa admitir que fuimos nosotros los que creamos la herida y, como ya hemos dicho, nadie quiere ser el malo de la película. Lo más probable es que estés sufriendo por dentro y que tus heridas necesiten cuidado y atención, así que en el momento en que reconozcas las heridas que has creado, puede que sientas que estás alejando de ti ese amor tan valioso y necesario.

Pues bien, he aquí otra perspectiva: al disculparte, te estás empoderando al liberar parte de tu dolor y vergüenza. Te estás enfrentando valientemente a la parte de ti que vive en la escasez, y te estás haciendo responsable de una manera muy honesta y necesaria.

No nos disculpamos fácilmente. No sentimos las repercusiones de nuestras acciones. Decimos o hacemos algo descuidado o hiriente y nos convencemos de que ellos están bien y nosotros estamos bien, y eso no está bien. Si estamos atrapados en nuestros egos insensibilizadores, no encontramos esta joya de la conciencia: el permiso para ser humildes y beneficiarnos del poder de liberarnos de la vergüenza innecesaria.

Cuando pides disculpas, no solo ofreces sanación a la otra persona. Te sacas a ti mismo de las sombras del sufrimiento y das la bienvenida a ambos a la luz de la conciencia y el amor. Aunque parezca que estás dando algo de ti cuando te disculpas, también estás recibiendo. Estás recibiendo fuerza, sabiduría, libertad, y el permiso para soltar lo que se siente tan pesado dentro de ti.

¿Puedes pensar en alguien en tu vida a quien le debas una disculpa? ¿Qué sentirías si dejaras ir el miedo y el dolor que te frenan y finalmente les pidieras perdón?

ESCRIBE UNA CARTA

¿Y si en lugar de disculparte, sientes que te deben una disculpa? ¿Quizá alguien no estuvo ahí cuando lo necesitabas, o te hirió física o emocionalmente de forma dolorosa e injusta? ¿Quizá rompió tu relación y te dejó abandonado, y todavía estás dolido por ello?

Lo ideal sería que pudieras encontrar un espacio intencional para compartir y hablar directamente con ellos. Por desgracia, no todo el mundo está interesado, es comprensivo, están preparado o sigue vivo para corresponder a este nivel de comunicación. Independientemente de que participen o no en la conversación, necesitas que se produzca una liberación clarificadora en tu interior. De este modo, podrás pasar de la protección a la tranquilidad.

Si las heridas dañinas se produjeron en tu juventud, es probable que todavía haya un niño interior que esté sufriendo y necesite ser reconocido.

Si no te resulta cómodo o factible, aún puedes realizar esta liberación escribiendo una carta. Lo ideal sería con papel y bolígrafo. Al hacerlo, te das permiso para decir todo lo que necesites compartir.

Entonces, te sugiero que consideres no enviar la carta. Estás escribiendo esta carta para ellos, pero lo estás haciendo para ti mismo. Por mucho que tengas un inmenso dolor, ira, arrepentimiento, vergüenza o rabia que necesites liberar y compartir, ya no se trata de ellos. Se trata de que encuentres tu voz, seas escuchado y liberes los sentimientos que ocupan espacio en tu interior.

Con todo esto dicho, si intuitivamente se siente correcto enviar la carta, ofrécete al menos una buena noche de descanso antes de enviarla. Respira hondo y consúltala con la almohada por si acaso tienes que editarla.

EL LENGUAJE DE LA MÚSICA

LA MÚSICA TIENE LA CAPACIDAD de despertarnos a nivel celular, emocional y espiritual a través de la vibración y el sonido, y creo que es una de las formas de liberación más curativas y relajantes con las que los seres humanos llegarán a estar en contacto.

Al escuchar música, puedes acceder a emociones que quizá estés evitando o a las que no puedas acceder. ¿Te cuesta llorar? Hay cientos de miles de músicos que han dominado el arte de expresar sus sentimientos a través del sonido y, al sentarte en presencia de su expresión íntima y sincera, puedes seguir su ejemplo hasta llegar a tu propio corazón.

¿Y qué hay de hacer música? Durante siglos, todas las culturas del mundo se han dedicado a este acto sagrado de sentir, expresar, liberar y celebrar la experiencia vital cantando y tocando instrumentos. Sin embargo, en los últimos años, la música se ha categorizado como una profesión de élite o un espectáculo de gladiadores con competiciones de quién puede cantar mejor que el otro.

A medida que el arte sagrado y divino de la música se ha ido entrelazando con los fans, los "me gusta", las opiniones, los comentarios y los seguidores, se ha ido convirtiendo en parte del ego colectivo. Ha dejado de ser una expresión saludable de uno mismo para convertirse en algo sujeto a juicios y opiniones constantes. Por esta razón, mucha gente tiene miedo incluso de intentar cantar delante de otra persona por temor a ser juzgada. A muchos nos da miedo hacer música, sobre todo cantar, porque en algún momento nos han desanimado y avergonzado por intentarlo.

Sin embargo, cuando cantas y haces música, en realidad te estás curando a ti mismo y estás haciendo del mundo un lugar más hermoso. No hay que ser profesional. La realidad es que, al igual que parpadear o respirar, crear sonidos es una capacidad natural con la que nacemos para compartir y liberar nuestros sentimientos. Lo hacen los pájaros, los perros, los gatos y los humanos. Mereces acceder a esta capacidad con la que naciste. Mereces encarnarla plenamente sin sentirte avergonzado.

Al abrirte a través del canto y la música, estás reclamando tu derecho innato a expresarte. No solo te liberará del peso de los bloqueos emocionales, sino que te ayudará a desarrollar fuerza y confianza en ti mismo. No cantes para los demás, canta para ti.

LIBERTAD ARTÍSTICA

CREAR ARTE ES SIMILAR A CREAR MÚSICA, ya que es un canal directo para conectar con uno mismo y expresar emociones y sentimientos que necesitan una salida. También se parece a la música en que fue captada por el mundo de la profesión y la industria como algo reservado a los que son "suficientemente buenos".

Puede que oigas a la gente decir "no soy un artista" o "no sé ni dibujar una figura de palo". Esto sucede si perdemos el permiso de nuestra infancia para dedicarnos simplemente al acto de crear, en lugar de enfocarnos en el resultado final. Se trata del viaje, no del destino. Tienes todo el permiso del mundo para sumergirte en los fantásticos reinos del color, la forma y la textura, y expresar tus sentimientos pintando, esculpiendo, dibujando, construyendo, elaborando y creando.

No se trata de lo que acabes haciendo, de lo que piensen los demás o de si se venderá o no. Se trata de darte libertad y permiso para abrir, expresar y liberar los sentimientos y la energía que llevas dentro. Hazlo por ti, no por ellos.

EXPRESIÓN A TRAVÉS DEL MOVIMIENTO

A VECES, CUANDO NUESTRAS EMOCIONES se acumulan y almacenan en nuestro interior, necesitamos algo más que un buen llanto o una conversación. Necesitamos moverlas fuera de nosotros. Dado que nuestro cuerpo almacena físicamente gran parte de lo que nuestro corazón lleva dentro, se puede producir mucha sanación a través de la liberación de energía física.

¿Quizá no eres una persona deportista y no te gusta la idea de mover el cuerpo? ¿Quizá tienes problemas de movilidad y salir a pasear no es una opción? Todos tenemos fisionomías y vidas muy diferentes, así que lo que funciona para una persona no tiene por qué funcionar para otra, y no pasa nada. Cualquier cosa que seas capaz de hacer es suficiente, ya sea caminar, hacer yoga, bailar, practicar artes marciales o cualquier otra cosa.

Al dejar que tu cuerpo se mueva y libere emociones y sentimientos reprimidos, fortaleces la conexión entre mente, cuerpo y corazón. También liberas energía de tu ser de forma segura y constructiva.

Ten en cuenta que es importante hacerlo con la intención de sentirte libre, no para perder peso o satisfacer una necesidad insatisfecha de atención y aceptación. No se trata de nadie más que de tú. Deja que sea una experiencia edificante y purificadora que te acerca a ti mismo y a la libertad emocional que mereces.

¿Hay alguna forma en la que anhelas expresarte físicamente
y no lo has hecho por miedo o vergüenza?

GENTILMENTE A TRAVÉS DE LA DESINTOXICACIÓN

Desintoxicar las emociones y la energía almacenada es similar a limpiar el cuerpo de toxinas físicas y no es necesariamente limpio, bonito o cómodo. De hecho, puedes experimentar malestar físico en respuesta a lo que estás procesando emocionalmente.

Lo que surge y sale de ti a nivel emocional y enérgico probablemente ha estado dentro de ti durante algún tiempo. Así que no estás introduciendo un nuevo malestar, solo estás tomando conciencia de él y liberando lo que ya está ahí. Dicho esto, puede resultar chocante o inquietante mirar los sentimientos y recuerdos indeseables que antes estaban fuera de tu vista y de tu mente.

Una cosa que hay que recordar continuamente durante el proceso es que lleva tiempo. Todas las capas de miedo y dolor no aparecieron de la noche a la mañana, sino que se fueron acumulando con el tiempo. Por lo tanto, no necesariamente se desprenderán todas en un día.

Por esta razón, es importante ser paciente y amable con uno mismo durante el proceso de liberación y limpieza. El autocuidado, la compasión y la búsqueda de la red de apoyo adecuada son beneficiosos y, a veces, esenciales.

HERRAMIENTAS DE LIBERACIÓN

Cada vez que me permito reconocer la verdad, sentir la verdad, y hablar la verdad, doy la bienvenida a la luz limpiadora de la conciencia en mi ser y salgo limpio.

◆

Llorar es una forma natural y necesaria de liberación. La próxima vez que sienta que necesito llorar, puedo hacer lo que es mejor para mi mente, cuerpo y corazón y darme permiso para decir que sí.

◆

Cuando sienta la tentación de liberar la ira mediante una forma de agresión, puedo profundizar en mi interior para explorar cuáles son los sentimientos subyacentes y luego expresarlos.

◆

Aunque al principio me resista, puedo permitirme disculparme con el fin de fortalecer mi integridad y la confianza en mí mismo y experimentar la sanación a través de la liberación necesaria.

◆

Me doy permiso para hacer música y escuchar música como medio de liberación expresiva, independientemente de lo que piensen los demás.

◆

Hay muchas maneras de liberar la energía de mis emociones reprimidas. Puedo darme permiso para ser creativo y encontrar salidas constructivas como el arte, la escritura y el movimiento para expresarme.

13.
CONFORT

Libertad y alivio frente al dolor o la coacción.

Es casi imposible experimentar la sanación profunda y la resolución del trauma que necesitamos a menos que estemos dispuestos a practicar el arte sagrado de cuidar de nosotros mismos. Esto significa que tenemos que dejar de identificarnos con el malestar (sufrimiento) y permitirnos sentirnos bien. Actuando continuamente para ser más gentiles, pacientes, amables, cariñosos y solidarios con nosotros mismos, pasamos de sentirnos incómodos a sentirnos cómodos.

Como si las piezas divididas de nuestro corazón se hubieran unido, empezamos a sentir un calor reconfortante, relajación y alivio en nuestro interior. Es ser curado con una fuerza increíble de nutrición y cuidado.

Ejemplos de formas de experimentar el CONFORT:

- Calidez
- Amabilidad
- Estimulación
- Ser escuchado
- Abrazos
- Dormir
- Respirar
- Pasar tiempo en la naturaleza

Especialmente cuando nos hemos permitido abrir ese canal sagrado de conexión y liberar nuestras emociones reprimidas, es vital crear un flujo de energía cálido y nutritivo para calmar nuestro interior tierno y expuesto. Al soltarnos, nos desprendemos de lo que no nos pertenece. A través del consuelo, recibimos lo que sí nos pertenece.

Observa: *¿Qué está ocurriendo ahora? ¿Qué ocurrió en el pasado?*

Siente: *¿Cómo me siento? ¿Dónde me duele? ¿Dónde tengo miedo?*

Conecta: *No estoy solo. Puedo relacionarme con el mundo que me rodea.*

Libera: *No necesito aferrarme a esto por más tiempo. Puedo dejarlo ir.*

Conforta: *Estoy preparado para estar cómodo y recibir los cuidados que necesito.*

Ahora bien, muchos de nosotros nos arrugamos ante la idea de permitirnos recibir. Nos sentimos mucho más cómodos dando que recibiendo. Por este motivo, nos privamos de consuelo y cuidados, mientras impulsamos la falsa idea de que no lo merecemos o de que somos lo suficientemente fuertes sin él.

No es cierto y no es sostenible. No eres indestructible y no vas a salvar el mundo fingiendo que eres un superhéroe de acero. Eres un ser gentil, tierno y vulnerable que necesita alimento, cuidados y consuelo, tanto como lo merecen todos los bebés, niños, adolescentes, jóvenes, adultos y ancianos.

CONFORT TEMPORAL

HAY MUCHAS COSAS QUE RECONFORTAN. La comida reconforta. El alcohol reconforta. Ver la televisión reconforta.

Desgraciadamente, aunque algo pueda parecer reconfortante y bueno en el momento, no necesariamente satisfará tus necesidades. A menos que comprendas conscientemente el dolor que hay detrás de la necesidad, puedes quedar atrapado fácilmente en un ciclón de comodidad temporal y acabar aún más incómodo contigo mismo. El consuelo temporal es como un analgésico. Un analgésico alivia y mitiga los sentimientos de angustia, pero solo durante un rato. Durante esos minutos u horas, tienes una sensación de alivio muy buscada. Te sientes tranquilo, a gusto y libre de dolor. Luego, se acabó. Se pasa el efecto de la pastilla, vuelve el dolor y te quedas otra vez con la sensación punzante de malestar en tu interior. Al tomar una pastilla (o comerte una chocolatina o tomarte un cóctel), puedes pensar que estás reconfortando y aliviando el dolor, pero no es así. Lo único que haces es apaciguar el dolor durante un rato, hasta que vuelve a aparecer (una y otra vez).

La realidad es que, si sientes dolor e incomodidad, no necesitas un alivio temporal, sino una sanación a largo plazo. Tienes que reconocer la realidad de dónde proviene el malestar y el dolor más profundos (la herida), y luego iluminarla con la luz de la conciencia. Luego, cuídala. Suavízala con tu atención. Reconoce el apoyo curativo que siempre has necesitado y permítete recibirlo.

¿Se te ocurre alguna forma de consolarte a veces con formas insostenibles de consuelo temporal?

SENTIRSE CÓMODO

AL AVANZAR CONSCIENTEMENTE HACIA la comodidad en lugar de huir inconscientemente de la incomodidad, alcanzamos un lugar de comodidad verdadera y duradera dentro de nosotros mismos.

He aquí algunas formas constructivas de recibir el apoyo curativo que necesitamos (en lugar de un consuelo temporal) cuando nos sentimos incómodos:

• Permitir que nuestro cuerpo duerma y descanse
• Dar y recibir abrazos con nosotros mismos y con los demás
• Tomar un baño o una ducha caliente
• Practicar la meditación
• Comer sano y equilibrado
• Pasear o sentarse en la naturaleza
• Pasar tiempo con animales

Recibir nuestro propio consuelo y cuidado significa darnos permiso para cuidar de nosotros mismos tanto como cuidamos de los que amamos. Significa tener el valor de estar presente, escuchar y abrir ambos brazos con infinita aceptación y apoyo. Significa permitirnos llorar incómodamente, encorvarnos, tartamudear y movernos con lentitud, sin juzgar y sin regaños.

No siempre sabemos por qué nos duele o qué necesitamos para sentirnos mejor, y eso está bien, no tenemos por qué saberlo. ¿Obligas a tus seres queridos a que te expliquen por escrito por qué están sufriendo para que les des un abrazo? ¿Les dices que se sienten erguidos, dejen de llorar y tengan un aspecto presentable cuando están tristes?

No, no se lo dices. Los quieres y te presentas ante ellos. Los abrazas y los consuelas. Y éste es el mismo nivel de consuelo que tú mereces y necesitas darte y recibir.

CREAR UN ESPACIO DE MEDITACIÓN

LA MEDITACIÓN ES UNA PRÁCTICA ancestral que consiste en aquietar la mente y llevar la conciencia hacia el interior. Aporta claridad y calma a la mente y al cuerpo y, sinceramente, cambiaría drásticamente el mundo si todo el mundo la integrara en su vida. Sin embargo, la meditación requiere una relación directa con la quietud y, para muchos de nosotros, eso no es fácil. Especialmente cuando hemos dominado el arte de la evasión. Estar quieto puede resultar increíblemente abrumador e intimidante.

Como la meditación también es algo que muchos de nosotros hemos intentado y no hemos logrado o mantenido con éxito, puede surgir una nube vergonzosa de "no puedo" cuando pensamos en ello, lo que tampoco nos apoya ni nos impulsa en nuestro camino de sanación.

Por lo tanto, he aquí un enfoque diferente: en lugar de establecer el objetivo de dominar la meditación y posiblemente avergonzarte por no alcanzarlo, permítete entrar en un espacio meditativo intencional.

¿Qué es eso? Es darte permiso para relajar conscientemente tu cuerpo, descansar tu mente y liberar la jaula que rodea tu corazón. Se trata de encontrar un espacio de tiempo (idealmente de 15 a 60 minutos) para alejarte de los correos electrónicos, las llamadas telefónicas, los mensajes de texto y las obligaciones para dar prioridad y cuidar tu relación contigo mismo.

Si el silencio es difícil de lograr debido al ruido de la ciudad, una casa llena, o la intimidación personal, hay muchos álbumes de meditación disponibles que le llevará en un hermoso y sonoro viaje de relajación.

De este modo, inicias una práctica de conexión y bienestar saludables que no te aleja de ti mismo ni te lleva a los reinos de la inconsciencia. Por el contrario, te lleva más profundamente a tu verdadero yo dentro del espacio de la conciencia y la intención. Al gestionar tus pensamientos, también desarrollas límites interiores frente al pensamiento compulsivo y practicas la comunicación sana y el discernimiento.

Si tuvieras que integrar en tu vida la práctica de la amplitud meditativa, ¿cómo lo harías?

EL ALIVIO DEL SUEÑO

UNA DE LAS FORMAS MÁS IMPORTANTES que tenemos los seres humanos de darnos el consuelo y el alivio que necesitamos es a través del sueño físico y el descanso. Sin embargo, como muchos de nosotros estamos constantemente en un torbellino de intentos, esfuerzos y supervivencia, no siempre descansamos lo suficiente.

Aunque cada uno de nosotros (en promedio) pasa un tercio de su vida durmiendo, a menudo lo pasamos por alto o lo consideramos una tarea o una molestia. Lo vemos como algo que tenemos que hacer, algo que nos impide ser más productivos. Si estamos cansados, recurrimos rápidamente a la cafeína o a cualquier otra cosa que nos estimule y nos mantenga en movimiento.

La cuestión es que el sueño es absolutamente vital para nuestro bienestar y, cuando nos vemos privados de él, afecta profundamente a nuestro cuerpo, nuestras emociones, nuestro nivel de energía y nuestra perspectiva de la vida. Al igual que ocurre con el agua, la falta de sueño solo puede durar un tiempo determinado antes de que el cuerpo empiece a apagarse y a *sufrir*.

De hecho, los estudios han demostrado que la falta de sueño puede:

- Deteriorar la capacidad de pensar con claridad
- Limitar el estado de alerta, la comprensión y la concentración.
- Aumenta el riesgo de padecer enfermedades cardiacas, infartos, hipertensión e ictus
- Contribuye a los síntomas de depresión y ansiedad
- Hace que tu piel y órganos envejezcan más rápido

Por lo tanto, explora la idea de ver el sueño como lo que realmente es: una experiencia saludable, necesaria e iluminadora. Comprométete con él y hónralo del mismo modo que lo harías con un ser querido, una profesión o una actividad que aprecies. Ponlo en el primer plano de tus intenciones y dale espacio en tu vida. Cancela planes y dale prioridad. Permítete reencontrarte con él y enamorarse de él.

Es una de las relaciones e inversiones más importantes que cultivarás en tu vida. Literalmente, no puedes vivir sin ella. Mientras tu cuerpo descansa en un profundo estado de relajante parálisis y tus órganos se regeneran, tu espíritu viaja a lejanas galaxias de ensueño. Y te mereces ir allí. Mereces disfrutar del viaje y de la experiencia de la vida.

EL HOGAR ESTÁ DONDE ESTÁ EL CORAZÓN

HABLANDO DE DORMIR, ¿DÓNDE ES más probable que encontremos ese espacio regenerador y de apoyo para descansar? Bueno, para la mayoría de nosotros, es cuando estamos en casa. Sin embargo, si preguntamos a muchas personas cuándo se sienten más felices y libres, a menudo dirán que cuando viajan y visitan un lugar nuevo;

cuando están lejos de casa.

¿Por qué? Aunque viajar puede ofrecernos nuevas perspectivas estimulantes y despertar la curiosidad y la presencia, muchos de nosotros nos sentimos más felices cuando no estamos en casa porque el hogar es un lugar incómodo para nosotros.

- Es un lugar que podríamos asociar con ser aburrido o sin incidentes
- Puede representar el deber, la lucha y la confrontación con personas desafiantes (especialmente nosotros mismos)
- Es posible que nuestras heridas más importantes se hayan producido en el hogar.
- Puede haber sido un lugar inseguro al crecer
- Puede ser un caldo de cultivo para el autoabuso

Independientemente de lo distanciados que estemos de nuestra infancia o de dónde viviéramos en aquellos tiempos, nuestra percepción del hogar puede seguir afectada por esas heridas del pasado.

Por el contrario, sentirse "en casa" significa sentirse seguro, protegido y a gusto. Sentir que pertenecemos a un lugar, donde podemos ser nosotros mismos sin miedo ni protección. Cuando hablamos de permitirnos sentirnos cómodos, significa permitirnos experimentar estos sentimientos de seguridad y tranquilidad. Nos sentimos en casa con lo que somos, aquí y en este momento, sin que el miedo se interponga en nuestro camino.

Podemos hacerlo expandiéndonos hacia fuera para ver el panorama más amplio. Nos damos cuenta de que solo estamos viviendo una experiencia temporal. No hace mucho nacimos. Dentro de poco, moriremos. Aunque este cuerpo y esta vida parecen ser todo lo que hay, nuestros espíritus de corazón forman parte de una fuerza vital que es más expansiva e infinita que todo lo que podemos percibir. Sí, el techo sobre tu cabeza puede ser tu "hogar", pero es solo tu hogar temporal. Tu verdadero hogar es mucho más grande y profundo que cualquier montón de piedra, cemento y arcilla. Es el tapiz de majestuosa y expansiva unidad de donde vienes y a donde algún día volverás.

Puedes acceder a este espacio sintiéndote lo suficientemente cómodo contigo mismo como para estar presente e ir hacia tu interior. Dándote permiso para inclinarte y tocar la inmensidad de la existencia atada a la increíble quietud del momento. Sí, has tenido miedo durante mucho tiempo y no te has sentido a gusto contigo mismo y en tu interior, pero ya no necesitas tener miedo. Puedes derribar tus muros y saber que ahora estás a salvo.

Independientemente de lo que esté sucediendo en tu vida, de las experiencias por las que hayas pasado o del dolor que aún sientas por todo ello, tienes permiso para recordar la verdad: que estás en casa y que perteneces aquí. Que tu espíritu está infinitamente entretejido en el espacio más allá del tiempo y que, a pesar de las lecciones dolorosas y desgarradoras que te presente la vida, no tienes por qué tener miedo. Tienes permiso para sentirte a salvo, seguro y en casa aquí y ahora.

¿Cómo se siente para ti la esencia del "hogar"?

DIVINA NUTRICIÓN MATERNA

El confort y el descanso se asocian a menudo con la seguridad gentil, nutritiva y tranquilizadora del amor de una madre. Por desgracia, no todos tenemos (o tuvimos) una relación o conexión sana con nuestra madre biológica.

Por esas razones, puede que no nos sintamos necesariamente cálidos y relajados cuando oímos la palabra "madre". En lugar de eso, puede que nos provoque sentimientos de contracción, separación y ansiedad.

Sin embargo, si nos permitimos expandirnos hacia fuera, más allá de nuestras madres biológicas reales, y conectar con la frecuencia de lo que es capaz una madre, empezamos a descubrir algo profundamente hermoso y valioso en nuestro proceso de sanación. Me refiero al calor tranquilizador de la *crianza materna divina*.

Como si fluyera directamente de un océano de amor, no puede ser contenida, encapsulada ni incluso descrita en su totalidad. Es incondicional y mucho más grande y expansiva que cualquier ser humano. Como la sangre, como el oxígeno, se alimenta de vitalidad que vive y fluye a través de nosotros. Nos conecta y nos une como un cordón umbilical a la conciencia infinita y divina. A través de ella, tenemos acceso a la compasión ilimitada, al perdón y al cuidado del bienestar propio y de los demás.

Independientemente de si te consideras mujer, hombre, transgénero, no binario, anciano o joven, todos tenemos acceso a esta poderosa y relajante calidez de la crianza de la madre divina dentro de nosotros. Esta corriente eléctrica de amor incondicional es lo que tranquiliza a los bebés hasta que se duermen e inspira a los animales a confiar su vida a los humanos.

La próxima vez que te sientas sumido en la tristeza, la soledad o la vergüenza porque estás hambriento de amor nutritivo, recuerda que tienes permiso para sentir lo que ya está dentro de ti. Mereces sentirte tan seguro y protegido como un niño en brazos de una madre cariñosa, en brazos de ti mismo.

CALIDEZ

YA QUE HABLAMOS DE MADRES, es importante reconocer el sincero poder y calor del útero, la sagrada burbuja de consuelo que existe en el interior de la mujer. ¿Te perdí? ¿Eso fue demasiado? Sí, *puedo entenderlo.* Hay muchas razones por las que nos cerramos en banda, juzgamos y nos sentimos intimidados al hablar de la calidez del cuerpo femenino. Dado lo persuadidos que estamos por el miedo y la protección, nos alejamos de cualquier cosa que se parezca a la crianza y la intimidad.

Pues bien, me gustaría ofrecer otra perspectiva: independientemente de que te sientas cómodo o no pensando en ello, viniste de un útero. Todo tu cuerpo pasó meses y meses acurrucado dentro de uno y tu corazón físico latía dentro del vientre de tu madre en solo cinco semanas de embarazo contigo. Allí experimentaste calor, seguridad y protección.

Muy a menudo, cuando sufrimos y nos sentimos tristes o solos, anhelamos calor y sentirnos seguros, protegidos y cuidados. Aunque no hay ninguna forma ni necesidad de que vuelvas al vientre de tu madre, el calor tranquilizador que te proporcionó es algo que puedes acoger en tu vida para sentirte reconfortado. Puedes crear entornos cálidos y seguros para sentirte abrazado y cuidado. El calor es una forma directa y constructiva de calmar no solo nuestro cuerpo emocional, sino también nuestro sistema nervioso.

Algunos ejemplos de calidez tranquilizadora pueden ser:

- Acurrucarse con una manta caliente
- Llevar ropa suave y cálida
- Sostener una bolsa de agua caliente
- Beber té de hierbas tibio y relajante
- Tomar un baño o una ducha caliente.

Independientemente de si tu mente lo recuerda o no, tu cuerpo y tu espíritu recuerdan la seguridad que proporciona el calor del vientre materno. Dado que el núcleo de tu ser es el calor, es posible que sientas un recuerdo nostálgico de tu verdadera naturaleza y que te sientas envuelto en un espacio más abierto y amoroso simplemente conectando con el calor.

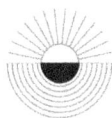

¿Recuerdas algún suceso en tu vida en el que te hayas sentido ansioso o incómodo, y luego hayas sentido un cambio en tus sentidos al sentir calor?

BONDAD

A MENUDO ASOCIAMOS SER BONDADOSO con ser *amables*. Sin embargo, ser *amable* conlleva la carga potencial de sonreír cuando uno no está contento y de actuar para que los demás se sientan cómodos cuando uno no lo está. La amabilidad no es necesariamente lo que se necesita en el mundo.

La bondad es diferente. Proviene de lo más profundo de nuestro ser. Aunque algunos asocien la bondad con la ingenuidad o la debilidad, está lejos de ser débil. La bondad es un superpoder. Es una fuerza incontrolable, impensable, que surge de la sabiduría ancestral de nuestros corazones y nos anima a participar en un intercambio cósmico, kármico y benévolo casi demasiado vasto para que podamos comprenderlo. Del mismo modo que nuestros pensamientos y juicios negativos reverberan e impactan en quienes nos rodean, la bondad puede hacer lo mismo, pero en lugar de enviar fragmentos de miedo y dolor, los envolvemos en la fuerza curativa del amor.

Mostrar bondad significa preocuparse por el bienestar de los demás. Significa sentir amor de todo corazón y participar en el acto de compartir ese amor. Por desgracia, la falta de bondad es contagiosa. Cuando somos groseros y desagradables, animamos a otros a ser desagradables y el ciclo muta, crece y continúa. Cuando no estamos dispuestos a recibir nuestro propio amor y cuidado, nos sentimos privados y sentimos que no tenemos suficiente. Cuando sentimos que no tenemos suficiente, nos centramos en la supervivencia y somos más propensos a ser poco amables con los demás.

Afortunadamente, la bondad también es contagiosa. Cada vez que tomas la decisión consciente de ser generoso, atento y amable (contigo mismo y con los demás), en lugar de partir de un lugar de carencia, alimentas la fuerza colectiva de la conciencia y el amor, y le das abono para que crezca fuerte.

Aunque definitivamente no siempre tienes que ser amable, al elegir la bondad, te comprometes con un acto sagrado de transformación de tu vida y del resto del mundo en el proceso. Llenas los corazones de los demás y nos recuerdas a todos que debemos estar más presentes y ser más generosos y solidarios con los demás. Cuando te das cuenta de esto, tiene mucho sentido ser bondadoso contigo mismo.

¿Alguna vez has sido cruel contigo mismo?
¿Qué sentirías si fueras bondadoso contigo mismo?

EL ABRAZO TODOPODEROSO

DESDE QUE VIVIMOS EN ESTE PLANETA, hemos utilizado los brazos, el pecho y las manos para abrazarnos, protegernos y reconfortarnos. Si tenemos frío, estamos solos, tristes o asustados, es a través del abrazo como nos cuidamos instintiva y amorosamente unos a otros.

De forma similar a los beneficios curativos del llanto, abrazar beneficia al cuerpo de numerosas maneras:

• Reduce el estrés y la ansiedad
• Fortalece el corazón
• Refuerza el sistema inmunológico
• Refuerza la capacidad de comunicación
• Aumenta los niveles generales de felicidad

Irónicamente, abrazar es tan escaso y valioso como llorar. Como ese mismo nivel de aprensión y resistencia que sentimos llorando unos frente a otros, muchos de nosotros nos sentimos más cómodos dándonos la mano, chocando los cinco que dándonos un abrazo cálido y duradero.

¿Por qué? Porque tenemos miedo. Hemos perdido la confianza en el otro y estamos desconectados de experimentar la conexión y la intimidad juntos. Cada uno de nosotros ha sido tan herido y lastimado que intercambiar un abrazo profundo se siente demasiado vulnerable, demasiado expuesto y demasiado generoso. Así que nos volvemos afilados y espinosos.

¿Has intentado alguna vez abrazar un cactus? La verdad es que no es tan fácil ni agradable. Tampoco es seguro. Así que debemos quitarnos el espinoso traje de cactus, mostrar nuestro vulnerable y blandito yo y *pedir un abrazo*. Puede sonar trivial y minúsculo, pero cuando estás protector y a la defensiva, detente, observa la verdad de lo que está pasando, siente el dolor más profundo, ábrete a buscar apoyo, expresa lo que necesitas y permítete recibirlo: es el siguiente nivel. Al instante, la máscara cae estrepitosamente al suelo y tu verdadero y tierno yo tiene una cálida invitación a emerger. Un solo abrazo puede transformarte de verdad a ti, el momento y el futuro de cualquier relación.

UN SOPLO DE VIDA

RESPIRAR ES ALGO QUE CADA UNO de nosotros hace, y ha hecho, constantemente desde el momento en que llegamos a nuestro cuerpo. Como una recarga instantánea de energía y fuerza vital, nos recargamos constantemente con el rejuvenecedor regalo del oxígeno. Sin embargo, como ocurre con muchos aspectos de la vida humana, podemos distraernos, ocuparnos y dejarnos llevar por el día a día hasta el punto de olvidar y menospreciar la respiración.

La realidad es que cada aliento que introduces en tu cuerpo entra en tus tráqueas, pasa por tus bronquios y eventualmente se abre camino a pequeños sacos de aire. Tú no tienes solo unos pocos de estos pequeños sacos mágicos de vida, tienes unos *300 millones* de ellos. Alrededor de cada uno de esos sacos hay una comunidad de vasos sanguíneos llamados capilares.

Cada vez que inspiras una bocanada de oxígeno, el aire atraviesa este corredor sagrado y entra en los vasos sanguíneos. Desde allí, el oxígeno recorre todo tu cuerpo e infunde todas y cada una de tus células. No solo un par, no solo unas pocas: todos los *30 billones* de tus células. A medida que este oxígeno infunde vitalidad a su torrente sanguíneo, el dióxido de carbono es desechado. ¿Cómo se expulsa este producto de desecho de dióxido de carbono del cuerpo? Exhalando, otro acto sagrado de la existencia que a menudo se pasa por alto y se da por sentado.

Respirar es una de las formas más poderosas de revitalizar

la conciencia en nuestro interior y reconectar con el momento presente. Solo con respirar, satisfaces tus necesidades de múltiples maneras. Además, como el oxígeno está prestando a tu cuerpo (¡y a tu vida!) un servicio inestimable, te sientes profundamente aliviado y reconfortado cuando te das cuenta de que estás siendo nutrido y cuidado constantemente.

EL MUNDO NATURAL

AHORA, SI REALMENTE QUIERES llevar la respiración al siguiente nivel y experimentar un intercambio profundamente sanador de conexión, liberación, confort y presencia, sal al exterior. Deja el ordenador, el móvil, las distracciones y sal a respirar aire puro.

Porque al igual que nuestros cuerpos están entrelazados con este milagroso mundo lleno de oxígeno, la sangre, el carbono y la vida, también lo están los árboles. A su manera mística, hacen algo muy parecido. Mientras nuestros cuerpos toman oxígeno y liberan dióxido de carbono, los árboles completan el ciclo, absorben el dióxido de carbono y nos ofrecen el oxígeno que necesitamos. De hecho, un solo árbol absorbe más de 48 libras de dióxido de carbono al año y proporciona 260 libras de oxígeno, justo aquello sin lo que no podemos vivir. En ese sentido, los árboles son como madres, nos rodean, nos nutren y ayudan a cuidar de nuestros cuerpos y necesidades.

A menudo, los humanos nos sentimos desconectados y fuera de control, como si no pudiéramos poner los pies en el suelo. Pues bien, hay una razón por la que utilizamos el mismo término "enraizamiento" que el suelo de la superficie terrestre. Porque literalmente nos enraíza. Nos devuelve el equilibrio y nos alinea con nuestro cuerpo y nuestro centro.

Para muchos de nosotros, salir al exterior y conectar

directamente con la naturaleza resulta extraño y ajeno. De hecho, a muchos nos intimida el mundo natural. Nos parece un lugar aterrador, salvaje, sucio y lleno de arañas. Nos sentimos mucho más seguros y cómodos dentro de casa, con muchas capas de hormigón y moqueta entre nuestros pies y la tierra.

¿Por qué? Porque en algún momento nos alejamos de lo salvaje que llevamos dentro. El mundo humanizado e inconsciente en el que vivimos nos enseñó a controlar, poseer, cuidar, cortar, limpiar y construir. Nos enseñó a temer el borde del poder infinito de lo desconocido y su grandeza, a temer todo lo que no podemos comprender o controlar.

Así pues, vete a la naturaleza y deja que su salvaje resplandor y sabiduría te rodeen por completo. Deja que te hable con su cálida voz de madre divina, recordándote lo poderoso, importante e igualmente insignificante que eres. Déjate calmar por la perfección de su belleza, y luego, siente todo eso dentro de ti. Eres el vástago de algo poderoso y divino, así que siente su sangre en tu sangre y acepta la invitación a ser acogido en su linaje.

Cuando comprendes la belleza misteriosa y perfecta del mundo natural, te vuelves más consciente de esa belleza salvaje e indómita dentro de ti, tal y como eres, sin necesidad de cambiar nada.

¿Cuánto tiempo pasas en la naturaleza?
¿De qué manera podrías mejorar y profundizar tu
relación con la naturaleza?

HERRAMIENTAS DE CONSUELO

Cuando estoy en necesidad de consuelo, puedo elegir algo que conduce a la comodidad a largo plazo en mí mismo, en lugar de una sensación temporal y fugaz de confort.

◆

Tengo la capacidad de ser cariñoso, estimulante y reconfortante. No hay ninguna razón por la que no merezca sentir esto por y de mí mismo. Me doy permiso para consolarme cuando sea necesario.

◆

Aunque me parezca extraño y antinatural dar prioridad a mis propias necesidades, intentaré crear un espacio tranquilo y meditativo en mi vida para sentirme centrado, enraizado y relajado.

◆

Dormir no es algo que tengo que hacer, es algo que puedo hacer y me doy permiso para recibirlo.

◆

El calor me transporta a un espacio de calma y seguridad. Cuando necesito consuelo, puedo dejarme consolar por la experiencia del calor físico.

◆

No tengo que luchar. Puedo pedir un abrazo.

◆

Respirar es uno de los actos más necesarios que los seres vivos tenemos la suerte de realizar. Cuando necesite respirar, puedo salir al exterior y sumergirme en un intercambio sagrado y rejuvenecedor con los árboles.

14.

AMOR

*Experimentar una profunda alegría,
admiración y respeto.*

En algún momento tenemos que elegir el amor. Tenemos que enfrentarnos a nuestra evasión, superar nuestra aprensión y tomar la decisión de mirar con valentía a los ojos del miedo y ser más fuertes que él. En lugar de huir desesperados, tenemos que mantenernos fuertes y sólidos, y al hacerlo, abrimos aún más nuestro corazón.

Ejemplos de cómo se siente el AMOR:

- Respeto
- Honor
- Compasión
- Perdón
- Aprecio
- Cuidado
- Alegría

En lugar de estar constantemente parcheando agujeros y cuidando nuestras piezas rotas, cuando estamos preparados para aceptarnos y amarnos sin miedo, nos sentimos lo suficientemente realizados como para compartir esa grandeza de la vida con los demás. Esto es profundamente gratificante porque es algo que necesitamos. Necesitamos el amor. Necesitamos recibirlo y necesitamos darlo.

Como un poderoso paso hacia arriba, hacia los reinos de la conciencia y la luz, el amor es la progresión natural a lo largo de nuestro viaje. El amor es la poderosa fuerza que proviene de nuestro viaje de sanación. Como si todos los pasos anteriores fueran para prepararnos para nuestro propósito. El amor es para lo que nuestros corazones fueron diseñados.

Observa: *¿Qué está ocurriendo ahora? ¿Qué ocurrió en el pasado?*

Siente: *¿Cómo me siento? ¿Dónde me duele? ¿Dónde tengo miedo?*

Conecta: *No estoy solo. Puedo relacionarme con el mundo que me rodea.*

Libera: *No necesito aferrarme a esto por más tiempo. Puedo dejarlo ir.*

Conforta: *Estoy preparado para estar cómodo y recibir los cuidados que necesito.*

Amor: *El amor es más fuerte que el miedo. Elijo el amor.*

El amor es algo para lo que nuestros corazones fueron diseñados y, por eso, elegir el amor es lo más natural, fácil y agradable que podemos experimentar.

No hay necesidad de esculpirse en algo que no somos para acceder al amor. Solo tenemos que ser nosotros mismos y dejar que brille la verdadera naturaleza de nuestro ser. No somos la nube oscura que tapa el sol; somos la luz radiante del amor que arde a pesar de él.

UNA FUERZA PODEROSA

AUNQUE TODOS COMPARTIMOS UNA profunda necesidad de amor, muchos nos hemos desconectado tanto de él que no nos iluminamos cuando oímos la palabra. En su lugar, pensamos en tontas tarjetas de San Valentín y en hippies agitando signos de paz. De algún modo, el amor se ha convertido en el niño impopular del que la gente se burla.

Por el contrario, el amor es prácticamente la fuerza más grande y poderosa con la que cualquiera de nosotros llegará a entrar en contacto. Es misterioso e infinito, algo que no se puede contener ni comprender. En cierto sentido, el amor es la esencia de la conciencia que da nombre a la energía que se intercambia a través de la red de conexión. Es el resplandor sanador del calor que se canaliza a través del rayo de la crianza de la madre divina. Al igual que el alimento y el agua de los que depende nuestro cuerpo para vivir, el amor es el nutriente que nuestro espíritu debe tener para sobrevivir.

Necesitas amor, y nunca debería ser algo que desapruebes o de lo que te distancies. Sin embargo, a menudo lo hacemos. Nos da reparo abrazar, nos da vergüenza llorar, nos pone nerviosos decir "te quiero".

¿Cuándo renunciamos al amor y a los demás? Cuando nos hirieron y aprendimos que no es seguro amar. Cuando construimos jaulas alrededor de nuestros corazones y nos sentimos más seguros detrás de los gruesos muros de nuestros egos que estando unidos y conectados unos con otros.

Bueno, ¿adivina qué? No funciona. Durante demasiado tiempo, hemos estado eligiendo el miedo en lugar del amor, y es un experimento fallido. El miedo no es sostenible y no nos sirve como un todo. No hace evolucionar a nuestra especie ni nos expande hacia niveles superiores de conciencia. En realidad, el miedo nos está matando y está destruyendo el planeta, y si queremos hacer algo para cambiar eso -algo para salvar a nuestra especie de la aniquilación - tenemos que elegir el amor. Tenemos que salir de esta enorme jaula y liberarnos.

AMOR PROPIO

Sɪ ᴛɪᴇɴᴇs ᴘʀᴏʙʟᴇᴍᴀs ᴘᴀʀᴀ ǫᴜᴇʀᴇʀᴛᴇ a ti mismo, no pasa nada. No es culpa tuya y no hay nada malo contigo. La realidad es que puede que no sepas cómo hacerlo. Puede que hayas aprendido (una y otra vez) que no eres digno de recibir el honor, el respeto y el aprecio que conlleva el amor, ni siquiera de ti mismo.

Por triste y alienante que te parezca, no estás solo. De hecho, los estudios han demostrado que, en promedio, el 40% de las personas siente que no tiene tiempo para quererse y cuidarse a sí mismo, y el 67% de las personas siente que su necesidad de cuidados personales no es tan importante como las necesidades de los demás.

Si el 40% de nosotros nos sentimos así y no tenemos tiempo o capacidad para cuidarnos, no estamos dando prioridad a nuestro propio bienestar, lo que significa que no estamos tomando medidas para honrarnos y respetarnos. No nos estamos mostrando amor. Si lo hiciéramos, daríamos prioridad a nuestras necesidades y cuidaríamos mejor de nosotros mismos. Pero no lo hacemos, y este es un problema sistémico que afecta a gran parte de nuestra especie.

Si buscas "amor propio" en el diccionario, podrás hacerte una idea de lo malsana que es nuestra concepción colectiva del amor propio:

> instinto por el cual las acciones de una persona se dirigen a la promoción de su propio bienestar, especialmente una consideración excesiva por la propia ventaja.
>
> engreimiento; vanidad; narcisismo.

Interesante, ¿no? Así que, en lugar de disfrutar de la luz saludable y rejuvenecedora de nuestro propio amor, nos quedamos impotentes y escondidos en las sombras de la vergüenza y la inseguridad. Con la cabeza gacha y privados de confianza, nos mantenemos en un estado de necesidad de atención, aprobación y aceptación por parte de los demás.

Y esto no funciona. Depender de los demás para experimentar el amor que necesitas solo te mantiene reprimido, inseguro y en un prolongado estado de necesidad, y eso no es lo que necesitas. Lo que necesitas es liberarte de todo ese sufrimiento y sentirte totalmente amado y respetado dentro de ti mismo, independientemente de lo que los demás te proporcionen.

Al decir "amo y aprecio lo que soy", no estás siendo engreído, vanidoso o narcisista. Te estás diciendo a ti mismo palabras de verdad, conscientes, cariñosas y sinceras, desde tu verdadero yo. Cada vez que eres capaz de hacerlo, contradices la creencia errónea de la sociedad de que el amor propio es malo y, de paso, nos enseñas a todos cómo hacerlo. Brillas más y haces que todo el mundo brille un poco más y sienta un poco más de amor.

VERDADERO AMOR PROPIO

Para potenciar nuestro corazón, tenemos que dejar de hacernos daño y de obligarnos a sufrir. En lugar de vernos continuamente como menos importantes, menos puros, menos talentosos, menos capaces y menos merecedores de amor que los demás, tenemos que conocer la verdad: que cada uno de nosotros somos iguales y merecedores de amor como cualquiera y todos los demás en este mundo.

Tal vez tus padres no fueron capaces de amarse a sí mismos o de amarte lo suficiente como para ser un ejemplo de amor, pero eso no debería impedirte ser más fuerte, más valiente y más amoroso contigo que cualquier cosa que alguno de los dos haya conocido.

Cuando despiertas el verdadero amor propio, te conviertes en un padre profundamente amoroso que se acepta a sí mismo. Empiezas a cuidarte como una madre o un padre responsable y cariñoso cuidaría de sus crías: con fiereza, devoción e incondicionalmente. Con esa devoción sincera, dejas de abandonarte en tiempos de crisis y te acercas más a ti mismo.

La profunda confianza y seguridad que nace de esa conexión empieza a transformar cualquier sentimiento de vergüenza, inseguridad y duda. Vuelves a conectar contigo mismo de la forma que necesitabas desde que el dolor de la división te separó hace tanto tiempo. Te unes internamente como un ser entero y completo.

En lugar de verte a ti mismo como el problema, empiezas a darte cuenta de que tú eres la solución. Tú eres la razón por la que estás vivo y mereces ser abrazado, aceptado, apreciado, respetado, honrado, perdonado y amado de todo corazón.

¿Qué sentirías si te honraras y cuidaras de ti mismo como lo haría un amigo auténtico y verdadero?

DAR UN PASO ATRÁS CON AMOR

EN ESTE NUEVO ESPACIO DE autoapreciación y aceptación, te sientes menos inclinado a permanecer en situaciones en las que los demás no te valoran en la misma medida. Por eso, es posible que ya no resuenes tanto con ciertos amigos y compañeros como antes.

Mientras que antes se reflejaban en actos aparentemente divertidos de distracción, consuelo temporal, desahogo negativo y emisión de juicios sobre otra persona, ahora ya no resuenan. Te das cuenta de que esas reuniones te están alejando del verdadero amigo que realmente te entiende, que te escucha, te honra y te respeta de verdad: tú mismo (bueno, y tu gato o tu perro).

En lugar de actuar por miedo e inseguridad, aceptando hacer algo que preferirías no hacer, puedes recurrir a la profunda sensación de confianza que hay en ti y tomar una decisión a partir de ahí. Puedes tomar una decisión que esté alineada con tu intuición, tu moral y tu conocimiento más profundo. La clave para hacer esto con éxito es hacerlo sin juzgar.

Esta práctica de discernimiento -alejarnos de los demás y acercarnos a nosotros mismos- es algo que yo llamo dar un paso atrás con amor. Significa que estamos dispuestos y somos capaces de comprender nuestras necesidades y de querernos lo suficiente como para sentirnos honrados en situaciones que no son sanas, seguras o constructivas para nuestro bienestar.

He aquí algunas formas de dar un paso atrás con amor:
- Di "no" a una invitación
- Apaga el teléfono
- Sé sincero sobre cómo te sientes
- Defiéndete (ante los demás y ante ti mismo)
- Habla con el corazón
- Guarda silencio y escucha

Puede que al principio te sientas incómodo, y no pasa nada. Recuerda que la confianza es un árbol que tarda en crecer y puede que tardes un tiempo en alcanzar el estatus de mejor amigo contigo mismo. Sin embargo, cada vez que honras tu verdad, la dices y te defiendes, tu mejor amigo interior gana confianza y cree en ti. La conexión en tu interior se hace más fuerte y te sientes más sólido en tu voz y más seguro en tu relación contigo mismo.

Si el acto de honrarte y hablar por ti mismo supone una amenaza para tus relaciones, amistades y aspectos de tu vida, eso es algo que quizá quieras analizar. Lo ideal sería que estuvieras rodeado de personas que ven tu fuerza, la aprecian, la respetan y la honran. Si no lo hacen, puede que necesites dar un paso atrás con amor.

Es importante recordar: podemos dar un paso adelante con amor o dar un paso atrás con amor, pero nunca cerrarnos al amor. Con compasión en el corazón, podemos confiar en que al honrar y respetar nuestras propias necesidades de forma auténtica, animamos a los demás a hacer lo mismo, y eso es algo que queremos. Queremos que todos experimenten una sensación más profunda de amor y conexión dentro de sí mismos.

¿Cuáles son algunas de las áreas de tu vida en las que necesitas dar un paso atrás para acercarte a ti mismo?

EL DON DE LA COMPASIÓN

Si la intuición es la capacidad de acceder y comprender un mundo sagrado e invisible, la compasión es la razón por la que se nos ha dotado de esa capacidad..

También conocida como *conciencia empática*, la compasión es nuestra capacidad de sentir y simpatizar con las experiencias y dificultades de los demás.

Por desgracia, como muchos de nosotros vivimos de cheque en cheque, atrapados en un estado emocional de supervivencia, no sentimos que tengamos suficiente para nosotros mismos, y mucho menos suficiente para compartir con los demás. Por eso, a menudo evitamos mirar o sentir las necesidades y el sufrimiento de los demás.

Si supiéramos que la compasión no nos quita nada. Es un río poderoso y sagrado que fluye tanto alrededor del que la recibe como del que la da. Cuando estamos dispuestos a cuidar profundamente de algo o de alguien que está sufriendo, permitimos que la luz sanadora de la conciencia se mueva a través de nuestros seres, y nosotros también somos sanados.

Hay gente tan buena en este mundo haciendo tantas cosas buenas y, en su mayor parte, lo hacen sin ningún reconocimiento. Se ofrecen en servicio para hacer de este mundo un lugar mejor porque les importa. Porque saben lo que se siente al sufrir y, guiados por la compasión, quieren hacer algo para ayudar.

En cierto modo, la compasión es polvo de estrellas mágico que nos saca de la resguardo y nos lleva a la luz del amor. Si imaginamos este viaje de empoderamiento como un juego de mesa, la compasión nos permite avanzar 10 casillas. Es un atajo para experimentar el amor genuino y sincero, el perdón y la conexión, que es la luz pura y sanadora de la conciencia.

EMPATÍA Y SENTIRSE MAL

¿Y si te sientes reacio e intimidado a sentir compasión? ¿Y si cuando te has permitido ser realmente testigo y sentir el dolor de los demás en el pasado, acabas sintiéndote mal por la gente?

Bueno, hay una diferencia entre sentir compasión por alguien y sentirse mal por alguien. Si nos sentimos mal por alguien, literalmente nos sentimos mal por esa persona. En algún lugar de nuestro interior, pensamos que para apoyarles en su sufrimiento, tenemos que sentirnos mal con ellos y por ellos.

Sin embargo, no podemos ayudar a los demás arrastrándonos hasta las trincheras del sufrimiento y sufriendo junto a ellos. No necesitamos unirnos al dolor y al odio de otras personas para demostrarles nuestro apoyo y devoción. No necesitamos llevar magulladuras similares para sentir camaradería y conexión. ¿Cómo vamos a ayudar de verdad a los demás si nosotros mismos cojeamos? Dos sufridores no hacen una solución. Si realmente quieres ayudar activamente a alguien, supera tus propios miedos y sé valiente al estar presente. Por incómodo y angustioso que sea estar presente con alguien que sufre o está dolido, es lo mejor que podemos hacer por esa persona. Puede que sientas el dolor, la rabia y la tristeza en tu corazón por lo que están pasando, pero como el sufrimiento no es su verdadero hogar (ni el tuyo tampoco), no necesitas alimentar la historia de que eso es lo que son.

Entonces, sal de tu jaula y dales una mano. En lugar de decir: "Siento mucho lo que ha pasado; ese tipo es un imbécil. Yo también lo odio", puedes decir: "Me duele el corazón por lo que estás pasando. Siento mucha compasión por el dolor que debes estar sintiendo ahora mismo. No estás sola; estoy aquí para apoyarte. ¿Se te ocurre algo que puedas necesitar en este momento? ¿Te ayudaría hablar de ello?".

AUTOCOMPASIÓN

Dicho esto, existe un límite y una capacidad para lo que física y enérgicamente podemos proporcionar y ofrecer a los demás. ¿Qué hacer entonces? Sabemos que no es sostenible sufrir en honor al sufrimiento de otro, pero ¿qué pasa si sentimos que tenemos que sufrir para cuidar activamente de alguien?

La respuesta es la autocompasión. Es el acto necesario de entrelazar la compasión y el amor propio para llegar a un lugar de profundo cuidado y amor por uno mismo. Implica discernir si nuestras acciones para ayudar a los demás son constructivas o destructivas. Si estamos estresados, faltos de sueño, ansiosos o llenos de dolor no llorado, nuestras acciones no son sostenibles. En algún momento, tenemos que dar prioridad a nuestras necesidades tanto como a las de los demás. Tenemos que respetarnos, honrarnos y cuidarnos a nosotros mismos.

Si realmente queremos hacer del mundo un lugar mejor, tenemos que sentir compasión por todos, incluidos nosotros mismos. Cuando puedes sentir el dolor que sientes y comprender al ser inocente necesitado que llevas dentro, te das cuenta de que no eres diferente de nadie que esté sufriendo y merezca cuidados. No necesitas sentir lástima por ti mismo o dar continuamente cada onza de tu energía, quedando atrapado en la ola de pensar que el sufrimiento es lo que eres.

Si estás sufriendo, necesitas amor. Necesitas apoyo. Necesitas saber que no estás solo y, más que nadie, necesitas pasar a la acción y ser tú quien se muestre a tu lado y te proporcione esa compasión y esos cuidados cálidos y sinceros.

Cuando eres capaz de hacer esto -abrir tu corazón por completo para cuidar compasivamente de ti mismo- te transformas, y también lo hace tu comprensión del mundo. Te das cuenta de que el amor es una medicina y se comparte a través de la compasión. Cuanto más accedes a él, más acceso tienes a él y más abundante se vuelve. Ya no vives en la escasez, te das cuenta de lo fácil que es obtenerlo y de lo mucho que deseas compartirlo con los demás.

LA LUZ DEL PERDÓN

CON LA COMPASIÓN, A MENUDO LLEGA la sagrada y santa luz del perdón. Hay muchas, muchas razones por las que el perdón es esencial y podría cambiar verdaderamente tu vida. Sin embargo, lleva su tiempo. No es algo que pueda apresurarse, idearse o forzarse.

Si no estás listo para perdonar a alguien que te causó un gran dolor, no tienes que hacerlo y definitivamente no necesitas sentir vergüenza por no estar listo. Cuando llegue el momento, sucederá de forma natural y puede que incluso sin que te des cuenta de que está sucediendo. Puede que un día te despiertes y te sientas un poco más ligero.

Mientras tanto, es bueno reconocer que el perdón no tiene que ver con la otra persona. Sé que parece que se trata de la otra persona. Es la que te ha hecho daño y ha sido culpa suya. Ellos son los que han metido la pata y tú eres el que ha tenido que sufrir todo este tiempo. Si los perdonas, de alguna manera les dejarás libres de culpa y no experimentarán el sufrimiento que se merecen.

Pero no se trata de ellos; se trata de ti.

Te aferras a la jaula y no abandonas la lucha. Al no perdonarlos, ellos no son los únicos que están atados al sufrimiento, eres tú. Te estás manteniendo en un estado de lucha para mantenerlos ahí, y por muy justa y digna que parezca una causa, no lo es. Tu yo increíble, sabio y maravilloso no merece que le sujetes más dolor y sufrimiento, ni siquiera el tuyo propio. Y lo más probable es que la persona que te hirió ya esté sufriendo, independientemente de que la perdones o no.

Tal vez, en algún lugar de tu interior, te preocupa que, al perdonarla, estés invitando a esa persona y a sus métodos destructivos a volver a tu vida. Sin embargo, el hecho de que perdones a alguien no significa que tengas que confiar en esa persona y restablecer una relación; de hecho, puede que sea prudente no experimentar una mayor conexión con esa persona. El perdón es una transformación energética que ocurre dentro de ti, así que puedes simplemente tomar la decisión interna de acoger la compasión y dejarla ir sin incluir a la persona en la conversación.

El acto de perdonar también es algo que beneficiará enormemente a tu mente, a tu cuerpo y a tu salud. Como hay tanto dolor y tensión cuando no liberamos algo (recuerda, estreñimiento emocional), nuestro cuerpo físico siente el impacto de ese estrés y tensión. John Hopkins Medicine publicó un informe que demuestra que cuando perdonamos, nuestro cuerpo físico tiene un menor riesgo de sufrir un ataque al corazón, mejora los niveles de colesterol, duerme mejor y reduce el estrés. Perdonar a otra persona podría salvarte la vida, ¡literalmente!

LA VIDA SIN VILLANO

A VECES, ES DIFÍCIL VERLO EN EL momento, pero muchos de nosotros repetimos continuamente la narrativa de que hay "malos" en nuestras vidas. Ya sea tu vecino, tu ex, tu hermana, el presidente de tu país o tu suegra, es probable que la historia de tu vida contenga personajes turbios, malvados y mezquinos. Con ello, te identificas continuamente con el papel de héroe y víctima, luchando por la justicia y defendiéndote a toda costa.

¿Adivina qué? No necesitas hacer eso. No necesitas tener villanos en tu historia. Si te permites sentir compasión y perdón por todo el mundo (incluido tú mismo), no te desintegrarás en polvo de repente. De hecho, te sentirás más cómodo contigo mismo y te darás cuenta de que la historia de tu vida es mucho más divertida, segura y agradable sin villanos ni malos.

Ninguno de nosotros quiere cargar con el dolor destructivo que ha estado quemando la línea familiar durante generaciones y generaciones. Sin embargo, eso es exactamente lo que ocurre cuando no lo dejamos ir. Nos aferramos a él y nos convertimos en él. Nos convertimos en la persona a la que nunca perdonamos.

Cuando ves la verdad y comprendes el dolor que causó tu dolor, ves la serie de víctimas heridas que poco a poco se convirtieron en los villanos de tu historia. Ves dónde cada uno de esos niños tristes

228 LA GUÍA DEL CORAZÓN EMPODERADO

y heridos no tuvo la habilidad o el apoyo para transmutar ese dolor en compasión, amor y conciencia.

Al honrarte a ti mismo lo suficiente como para dar la bienvenida al perdón, conviertes el dolor de tu linaje familiar. Asomas tus ojos grandes, brillantes y conscientes por encima de las nubes de la inconsciencia y te liberas de la desilusión. Al perdonar a quienes te han hecho daño, haces brillar la luz de la conciencia sobre las sombras y desmantelas el ciclo de transmisión del dolor. Rompes la cadena del sufrimiento y te liberas (y liberas a todos los demás) de la jaula.

LA VERDADERA LIBERACIÓN DEL SUFRIMIENTO

La verdad es que a la gente buena le pasan cosas malas y la gente buena hace cosas malas, pero ninguno de nosotros es una mala persona. Cada uno de nosotros lucha por subir la montaña de la vida a su manera, lo mejor que puede. Podemos culparnos, resentirnos o juzgarnos unos a otros, pero eso no resuelve nada. Cuando vemos a alguien por sus defectos y debilidades, no le fortalecemos ni fortalecemos la situación, sino que aceptamos estar ciegos, enfadados e ignorantes a su lado.

Si realmente queremos crear un cambio y convertirnos en la poderosa fuerza que somos capaces de encarnar, tenemos que enfrentarnos con valentía a nuestra propia jaula y retarnos a nosotros mismos a superarla. Independientemente de lo heridos, disgustados o resentidos que nos sintamos, tenemos que ver más allá de la ilusión de defensa y protección tras la que muchos de nosotros nos escondemos, y tenemos que elegir otro camino. Tenemos que elegir el amor.

Cada vez que lo hacemos, abrimos aún más nuestro corazón y nos volvemos más poderosos. Nos volvemos más sabios y nuestro efecto en el mundo es mayor. En lugar de estar cegados e insensibilizados por los efectos de la inconsciencia, despertamos. Nos llenamos de la luz de la conciencia y encendemos el mundo que nos rodea. Cada vez que lo hacemos, animamos a los demás a elegir el amor y, con el tiempo, a perdonarse a sí mismos. Eso es liberarse del sufrimiento.

AUTOPERDÓN

QUIZÁ NO SEA A TU PADRE, NI A TU madre, ni a tu hermano, ni a tu jefe, ni a tus compañeros de colegio, ni a tu exmujer, ni a ese chico con el que fuiste a la universidad al que parece que no puedes perdonar. Quizá todos ellos te parezcan personas más limpias, mejores y más merecedoras que tú, porque la persona de la que no puedes deshacerte es de ti mismo.

Sentir que eres el culpable de crear las heridas y causar el dolor es un lugar muy doloroso y solitario en el que estar. Cuando nos culpamos, nos obligamos a sentir vergüenza, arrepentimiento y remordimiento. Sentimos que nos merecemos el sufrimiento, y esta trampa autoinfligida hace aún más difícil encontrar la salida del laberinto. Acabamos luchando con nosotros mismos, y esa es una montaña muy, muy difícil y agotadora de escalar.

Si no estás preparado para perdonarte a ti mismo, es una decisión que estás tomando contigo y para ti.

Sin embargo, considera que para sentir resentimiento y juicio (hacia nosotros mismos o hacia otra persona), tenemos que separarnos de nuestro corazón y avanzar hacia la inconsciencia en lugar de hacia la consciencia. La artillería de nuestro dolor se dispara desde detrás de las paredes de la jaula y tenemos que permanecer allí, en ese estado, para mantener nuestra perspectiva de indignación.

Ahora bien, ¿cómo mejora eso la situación? Sí, has hecho tu parte para traer dolor y sufrimiento a este mundo, y has hecho y dicho cosas que son casi imposibles de perdonar. Sin embargo, ¿no tendría sentido darle la vuelta a la situación y hacer valientemente todo lo que esté a tu alcance para transformar el sufrimiento y traer la sanación al mundo? ¿Incluso si ese algo valiente significara perdonarte a ti mismo?

Independientemente de lo que hayas hecho o de si los demás son capaces de perdonarte o no, tú tienes la capacidad de perdonarte a ti mismo. Eso es algo que puedes hacer y es algo que ayuda activamente a que el mundo sufra un poco menos.

¿Necesitas perdonarte por algo que hiciste en el pasado?
¿Estás dispuesto a perdonarte si con ello mejorara el mundo?

TU CUERPO, TU AMIGO

Cuando oyes hablar de *amor, amor propio* y *compasión*, ¿cómo se relacionan con la forma en que te conectas y sientes dentro de tu cuerpo? Al igual que nuestra incapacidad colectiva para comprendernos y amarnos a nosotros mismos, la forma en que actuamos, sentimos y nos relacionamos con nuestro cuerpo físico es un problema igualmente global. En lugar de nutrir y apreciar nuestros cuerpos, muchos de nosotros hemos aprendido a juzgarlos, abusar de ellos, envenenarlos, descuidarlos y privarlos del cuidado y la atención que necesitan para prosperar y estar sanos.

Vives dentro de un orbe de inteligencia avanzada, que supera el rendimiento y la capacidad de cualquier ordenador o creación humana del mundo.

Piensa en el increíble don de respirar y en los magistrales sacos de aire y vasos sanguíneos que reciben el oxígeno en tu cuerpo: después de que el oxígeno se dispersa en tu sangre, entra en tu corazón y es bombeado por todo tu cuerpo. Esto se repite unas 100.000 veces al día (35 millones de veces al año).

Lo increíble de tu cuerpo es que está aquí ayudándote todo el tiempo y asegurando con devoción tu protección y supervivencia, independientemente de que te pares a apreciarlo o no. Cuando eras pequeño, tu cuerpo te llevaba a dar tus primeros pasos y te tendía una mano cada vez que te caías. Cada vez que te dolía el corazón, tu cuerpo estaba allí, llorando y lamentándose a tu lado. Celebró contigo todas las canciones que te hicieron bailar. Las puestas de sol, los amaneceres, las nubes de tormenta y los bebés dormidos más hermosos que jamás hayas visto fueron vislumbres y visiones que compartieron juntos.

Cada día y cada noche, tu cuerpo ha proporcionado un lugar cálido, nutritivo y acogedor para que tu espíritu camine, duerma, se conecte, descanse, se siente, baile, corra, haga y sea él. Te ama incondicionalmente y nunca jamás se apartará de tu lado.

Tu cuerpo está total y completamente dedicado a ti. Sin miedo y sin condiciones, te apoyará hasta el final. Tu amado cuerpo te acompañará hasta los últimos momentos de tu vida y estará contigo en tu lecho de muerte. Nunca jamás te abandonará. Está totalmente aquí, totalmente comprometido, a tu servicio, de todo corazón.

¿Cuántos años llevas siendo negligente con tu querido y devoto cuerpo? ¿Cuántas veces has sido tú quien lo ha maltratado con palabras hirientes y hábitos malsanos? ¿Cuánto tiempo llevas maltratándolo, desechándolo, juzgándolo e insultándolo?

Puedes seguir diciéndote cosas hirientes a ti mismo y palabras dolorosas a tu cuerpo, pero no tienes mucho tiempo para seguir haciéndolo. Muy pronto pasarán los años y te acercarás al final de tus días. Compartirás recuerdos entrañables, secretos silenciosos y reflexiones sobre todo lo que han vivido juntos.

Entonces, te *despedirás*.

Si decides no despertar a tu vida y empezar a vivir y amarte a ti mismo ahora mismo (o muy pronto), corres el riesgo de estar ahí en esos momentos finales, mirando atrás y preguntándote: *¿Por qué fui tan duro conmigo mismo? Lo estaba haciendo lo mejor que podía, ¿por qué no me daba cuenta? ¿Por qué no amé mi cuerpo y me amé a mí mismo cuando tuve años de oportunidades para hacerlo?*

¿Has dicho o hecho alguna vez algo hiriente o destructivo para tu cuerpo?
Si pudieras disculparte por ello, ¿qué le dirías a tu cuerpo?

HERRAMIENTAS PARA EL AMOR

Aunque me hayan educado para creer que el amor propio es un signo de debilidad, egoísmo o engreimiento, no es cierto. Mi relación conmigo mismo es una conexión vital que necesita ser honrada y nutrida con mi amor. Me doy permiso para recibir mi propio amor, cuidado y respeto.

◆

Al dar un paso atrás y decir "no" a veces, no significa que sea poco apreciativo o mezquino; significa que estoy tomando una decisión honesta y con discernimiento con una intención saludable para mi bienestar, que es importante.

◆

Sentir compasión no me quita ni me drena nada. Es un regalo que ofrece amor tanto a mí mismo como a los seres por los que siento compasión.

◆

La próxima vez que sienta empatía y me "sienta mal" por alguien, puedo considerar cómo sería sentir compasión y permanecer atado a la inspiración de ayudarles en lugar de sufrir junto a ellos.

◆

Cuando acojo el perdón en mi vida, me libero de mi propio sufrimiento y estoy más disponible para hacer del mundo un lugar mejor.

◆

Mi cuerpo es el amigo más íntimo llegaré a tener. La próxima vez que me sienta juzgando, criticando o deseando que sea diferente, puedo recordar que no lo tendré para siempre. En algún momento tendré que dejarlo ir, así que es importante que lo quiera y lo aprecie ahora mismo.

Parte VI:
El regreso
A CASA

15.
EMPODERADO

Potenciar el verdadero yo superando el dolor, el miedo y el sufrimiento; elegir el amor.

La verdad es que cada uno de nosotros ha pasado por los duros vientos y tormentas de la vida. Todos sabemos lo que es quedar atrapado y frenado por los dolorosos arbustos espinosos del sufrimiento. Sin embargo, cuando por fin estamos preparados para mirar la verdad, sentirla, abrirnos, soltar lo que no nos sirve y recibir alimento y amor porque sabemos que lo merecemos, ya no estamos sufriendo. Ya no estamos atrapados por el dolor de nuestro pasado ni perdidos en la experiencia de la vida, sino fortalecidos por ella.

Con cada herida que has soportado, has fortalecido tu corazón. Con cada momento perdido por la evasión y la negligencia, has adquirido la capacidad de comprender mejor la presencia. A través de los tropiezos y las caídas, has aprendido lo que se necesita para volver a levantarte. Porque has pasado tantos años atrapado en una caja cerrada de secretismo, comprendes el gratificante don de la honestidad. Y porque has experimentado lo que puede hacer la profunda quemadura del resentimiento, conoces la importancia del perdón.

Tu viaje de sufrimiento te llevó en una misión lejos del hogar de ti mismo y te trajo al mundo de la lucha. Ahora, vuelves a casa y se te reintroducen las cualidades que encarnabas cuando llegaste por primera vez a esta vida, tu luz brilla de forma diferente y más expansiva.

Eres el CORAZÓN que siempre has sido:

- Honesto
- Presente
- Amoroso
- Consciente
- Inocente
- Confiado
- Vulnerable
- Cariñoso
- Curioso/a
- Sin miedo
- Entusiasta
- Íntegro

...y *mucho más*:

- Experimentado
- Resiliente
- Sabio/a
- Compasivo
- Comprensivo
- Perdonador
- Agradecido
- Próspero
- Con poder

Es como si renacieras de la crisálida del pasado y te liberaras del peso de la vergüenza y el dolor. A través de esta experiencia de vida y de tu sanación, has aprendido a dejar de tener miedo. Te has reencontrado con tu corazón y, aunque contiene la misma luz preciosa y pura de siempre, ahora arde con más fuerza. La luz del amor dentro de ti es más fuerte, más resistente y más feroz que nunca.

238 LA GUÍA DEL CORAZÓN EMPODERADO

Debido a que esta amplitud del corazón es un paisaje al que estás regresando, la expresión completa del corazón empoderado sería:

Estoy aquí, experimentando la vida. Estoy completo. Pertenezco a este lugar.

En conjunto, comenzando en el hogar de tu corazón, luego viajando hacia los reinos del sufrimiento, luego de vuelta a casa otra vez, tu viaje sería:

CORAZÓN: *Estoy aquí, experimentando la vida.*

HERIDA: *¡Ay! Eso duele.*

DOLOR: *No me siento bien. Me duele.*

NECESIDAD: *Me duele y tengo miedo. Necesito sanación.*

PROTECCIÓN: *Mis necesidades no están cubiertas. Me protegeré intentando no sentir el dolor.*

DEFENSA: *Para evitar sentir más dolor, lucharé para protegerme.*

SUFRIMIENTO: *Me siento perdido, solo y atascado.*

DARME CUENTA: *Estoy preparado para el cambio y voy a hacer algo al respecto.*

OBSERVAR: *¿Qué está pasando ahora? ¿Qué ocurrió en el pasado?*

SENTIR: *¿Cómo me siento? ¿Dónde me duele? ¿Dónde tengo miedo?*

CONECTA: *No estoy solo. Puedo relacionarme con el mundo que me rodea.*

LIBERAR: *No necesito aferrarme a esto por más tiempo. Puedo soltarlo.*

CONFORTAR: *Estoy preparado para sentirme cómodo y recibir la atención que necesito.*

AMAR: *El amor es más fuerte que el miedo. Elijo el amor.*

EMPODERADO: *Estoy completo. Pertenezco a este lugar.*

A través de la alineación perfecta de todas tus experiencias, elecciones, acciones y angustias, has pasado de tener un corazón a tener un *corazón empoderado*.

Como si antes estuvieras remando para mantenerte a flote, ahora eres un nadador entrenado. Todos los retos que has soportado han condicionado tus pulmones para que sean más fuertes y se expandan, permitiéndote sumergirte en las profundidades del sufrimiento, mirar directamente al núcleo del dolor y exponerlo con tu conciencia. Ahora, puedes hacer justo aquello para lo que has nacido de forma natural: volver a la superficie, al aire fresco de la presencia, donde perteneces.

Ten en cuenta que estar empoderado en tu corazón no significa que seas inmune al dolor o a las luchas. Solo significa que tienes menos miedo y más confianza. Significa que eres consciente de que la vida es dolorosa, triste, hermosa, desconcertante, salvaje y, a veces, injusta, y que no tienes miedo. Te conoces a ti mismo y comprendes tus heridas, así que no vives con un miedo constante e inconsciente a que te hieran. Avanzas a sabiendas en el viaje de la vida con el amor como guía, en lugar del miedo.

Estar empoderado tampoco significa que estés iluminado o que seas mejor que nadie. Significa que sabes con certeza que no eres mejor que nadie y que, con ese elevado nivel de conciencia compasiva, te liberas de las garras del ego y de la neblina de la inconsciencia.

Sabes que todo el mundo está herido y que todo el mundo sufre, y no quieres aumentar el dolor, sino hacer algo para aliviarlo. Como ya no luchas con tu propio sufrimiento, eres más capaz y estás más disponible para ayudar a los demás a superar el suyo, y eso es lo que viniste a hacer aquí. Para ser un líder y una luz. Para ser un ejemplo de lo que un ser humano es capaz de hacer, mientras vive en un estado de conciencia, compasión y presencia.

Es tu propósito y ahora, estás listo para vivirlo.

FALSA CONFIANZA VS. VERDADERA CONFIANZA

HASTA AHORA, PUEDE QUE HAYAS venerado a quienes tienen riqueza, belleza y fama, como muchos de nosotros. Puede que los hayas visto como superiores y exitosos.

Que alguien sea famoso, esté en forma o sea rico no significa que tenga una autoestima fuerte. Puede que solo signifique que están atrapados en el ego y se valoran a sí mismos a través de una comprensión externa; una falsa sensación de confianza.

Percepción del Yo a través de la comprensión externa:

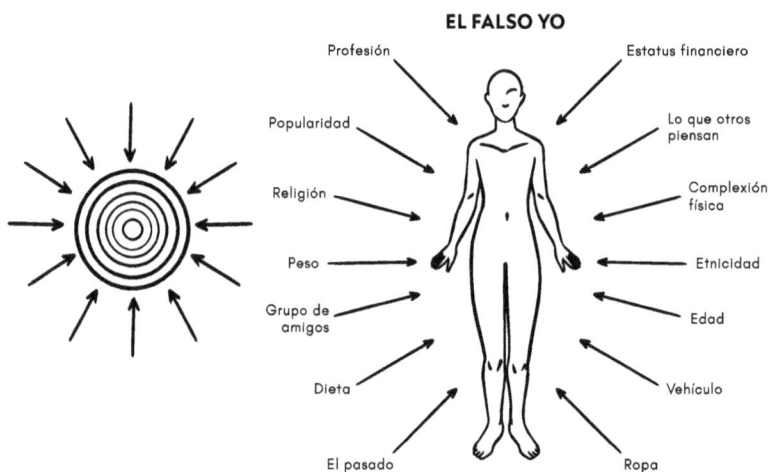

EL FALSO YO

Profesión · Estatus financiero · Popularidad · Lo que otros piensan · Religión · Complexión física · Peso · Etnicidad · Grupo de amigos · Edad · Dieta · Vehículo · El pasado · Ropa

Ejemplos de falsa confianza:

- Lo que los demás piensan de ti
- La ropa que llevas
- Tus grupos de iguales
- Tu profesión

- Tu edad
- Tu peso
- Tu dieta
- Tu origen étnico
- Tu religión
- Tu nivel de popularidad
- Tu situación económica
- El vehículo que conduces

Puede que un cuerpo perfecto o una lista floreciente de seguidores ofrezcan una sensación temporal de pertenencia y seguridad en uno mismo, pero en algún momento, inevitablemente, se acabará. La ropa se hará jirones, el motor del auto morirá, la piel perderá su elasticidad y los seguidores serán arrastrados por la siguiente moda.

No hay nada malo en tener un vehículo de calidad, ropa bien hecha y adornos bonitos; sin embargo, cuando esas cosas se convierten en tu identidad y en tu salvavidas para alcanzar un lugar de autoaceptación, confianza y felicidad, entonces te han engañado. La inconsciencia te ha persuadido con éxito y te ha alejado de tu verdadero yo.

Tener verdadera confianza significa que confías plenamente en ti mismo. Mientras que la falsa confianza viene de fuera, la verdadera confianza viene de dentro y se proyecta hacia fuera. Significa que estás fuertemente conectado y atado al espíritu divino que hay en ti, y que no hay nada que nadie pueda decir o hacer que debilite o disminuya el respeto, el amor y la confianza que tienes en ti mismo.

Percepción del Ser a través de la comprensión interna:

EL VERDADERO YO

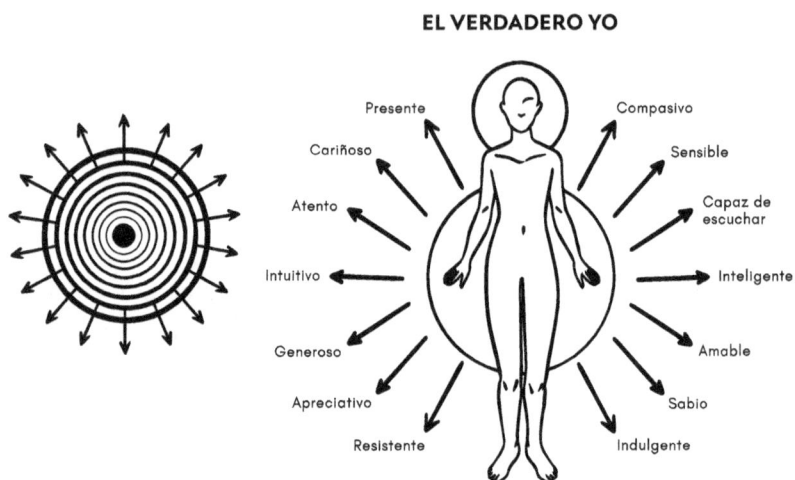

Presente
Cariñoso
Atento
Intuitivo
Generoso
Apreciativo
Resistente

Compasivo
Sensible
Capaz de escuchar
Inteligente
Amable
Sabio
Indulgente

Ejemplos de verdadera confianza:
- Presente
- Cariñoso
- Compasivo
- Atento
- Sensible
- Capaz de escuchar
- Intuitivo
- Generoso/a
- Amable
- Inteligente
- Apreciativo
- Sabio
- Resistente
- Indulgente

Aunque podemos caer en la tentación de pensar que si perdemos nuestras historias, objetos y méritos externos, nos quedamos huecos, desnudos y sin nada de valor o valía, ocurre todo lo contrario. Dado que nuestra comprensión externa de nosotros mismos está entretejida en la jaula del ego, solo cuando nos desprendemos de las historias y las falsas necesidades empezamos a recordar la verdadera confianza.

¿Significa eso que tenemos que desprendernos de todo y vestir solo ropas andrajosas? No. Solo significa que tenemos que ser conscientes de que, seamos atractivos o no, ricos o no, exitosos o no, nuestro mundo externo y material no determina el valor de nuestra valía, ni debería determinar cómo nos percibimos a nosotros mismos. Eso viene de dentro.

¿De qué manera has accedido a la confianza a través de una comprensión externa de ti mismo?
¿Cómo te sentirías si tuvieras verdadera confianza en quién eres?

FUERZA Y PODER

¿A CUÁNTOS DE NOSOTROS NOS HAN HECHO creer que el dinero y el éxito equivalen a *poder*? Si tenemos tendencia a percibir nuestra confianza a través del mundo material, podríamos suponer que un buen auto, un cuerpo perfecto o mucho dinero también nos darán una sensación de fuerza y poder.

Es lógico. Al vivir en una sociedad basada en el dinero y en lo material, el dinero tiene mucha influencia y puede verse fácilmente como el punto de acceso para ganar confianza, respeto, notoriedad y todas las demás cosas de las que se alimenta nuestro ego. Especialmente si nos han juzgado o se han burlado de nosotros, puede que busquemos una sensación de fuerza, respeto y empoderamiento a través de las finanzas y los bienes materiales.

Pero esa es la parte de ti que todavía se siente excluida y piensa que por tener *más* (dinero, amigos, casas, atención) que los demás, estás a salvo de futuras negligencias y menosprecios. De algún modo, te has puesto a salvo en la cima de la montaña, donde el dolor mágicamente no puede alcanzarte.

La realidad es que el dinero, el éxito y la popularidad no proporcionan una fuerza y un poder auténticos y sostenibles. Pueden hacer que los demás se sientan más intimidados, lo que alejará a unos y acercará a otros, pero intimidar a la gente y despertar en ella el miedo no es forma de acceder a una sensación de empoderamiento. ¿Tu empeño por llegar a la cima te concederá realmente lo que buscas? ¿Qué tiene de deseable estar encaramado en la cima de una montaña solitaria cuando todos los demás están muy por debajo?

La verdadera fuerza no es algo que se pueda ganar o perder temporalmente. Es algo más profundo. Es algo que viene con la verdadera confianza, la verdadera presencia y el verdadero amor. Es la cualidad y la capacidad de permitirnos participar en esta experiencia vital con nuestras cualidades más puras y honestas. Es la fuerza del compromiso y la devoción a lo que sirve al bien mayor y la potencia de saber que pertenecemos y formamos parte de ese bien mayor.

Así que hazlo. Levántate hacia tu yo superior y acaba con esta farsa de miedo y falsa confianza. Enfréntate a la gente que te juzga y que valora tu apariencia o tu éxito. Enfréntate a las hordas de empresas, industrias, corporaciones y compañías que ganan miles de millones de dólares a costa de tu inseguridad y tu necesidad de encajar. Enfréntate al miedo que llevas dentro y ponte de pie dentro de tu jaula, y luego *sal de ella*.

Sé diferente. Sé aquí y ahora, tal y como eres y sé tú mismo, poderoso y presente.

IRA VS. EMPODERAMIENTO

¿QUÉ OCURRE CUANDO ALGUIEN TE LANZA una daga emocional o un golpe hiriente al corazón? ¿Qué haces para permanecer presente, empoderado y confiado en ti mismo, en lugar de dejarte dominar por una rabia volcánica?

Tómate un momento y respira.

Recuerda, fue la inconsciencia la que creó muchas de tus heridas, y de esa inconsciencia surgió el fuego de la ira y el odio. Esa ira y odio es lo que rompió tu corazón, su corazón, y todos nuestros corazones, rompiendo este mundo en pedazos.

Cuando alguien dice o hace algo que sacude la jaula y te tienta a reaccionar como un tigre, puedes perderte en la emoción o ser fortalecido por la consciencia. No ambas cosas. Si no tienes el poder de controlar tu ira, no estás trabajando con verdadera fuerza; estás trabajando con verdadero miedo.

Si alguien dice algo desagradable o destructivo sobre ti, déjalo. Ese es su camino, no el tuyo. Lo que otros hacen y dicen no tiene nada que ver contigo; tiene todo que ver con ellos. Así que observarlos, aprende algo nuevo y deja que luchen por la vida hasta que se den cuenta por sí mismos de que se han cansado de sufrir. Has redescubierto lo que se siente al estar completo, y nadie puede romper esa conexión inseparable de amor propio y unidad que conoces y sientes dentro de ti.

Este mundo no necesita más gente asustada, enfadada y hambrienta de poder que luche entre sí y contra sí misma. No necesitamos más soldados ciegos y desconsolados entrenados para luchar. Necesitamos personas que estén ferozmente presentes y valientemente compasivos.

Necesitamos personas que actúen con intención, no que reaccionen con dolor. Necesitamos personas que hayan bebido del veneno destructivo del odio y hayan descubierto formas de liberarse convirtiéndolo en presencia, inteligencia y conciencia. Entonces, necesitamos que esas personas marquen el camino.

¿Qué hace a un líder poderoso? El que tiene menos miedo. El que ha vencido sus miedos internos y avanza con valentía y confianza. Un corazón empoderado es un líder. Es alguien que ha experimentado un gran dolor y ha elegido conscientemente el amor en lugar del miedo. Es alguien que ya no tiene miedo de estar vivo, como tú. Estás preparado y ya no tienes miedo.

VENCER LA ADICCIÓN

AUNQUE PUEDE QUE NO SIENTAS O NO reconozcas realmente esta fuerza e intrepidez dentro de ti, está en ti. Eres poderoso y *necesitarás* serlo para recuperarte de una adicción, sea cual sea.

Para muchos de nosotros, tenemos miedo de nuestras adicciones. Tememos que se apoderen de nosotros, que nos controlen y nos obliguen a hacer cosas que no queremos hacer. Nos sentimos maldecidos por un anhelo maligno que nos persigue día y noche y que tiene el poder de hacer que nos matemos lentamente.

Luego, poco a poco, a medida que progresa nuestra sanación y nos hacemos más presentes, empezamos a descubrir la verdad: la adicción no es tan poderosa como creíamos. No es poderosa en absoluto. Mientras que los humanos estamos alojados en cuerpos sagrados, vivos y que respiran, la adicción no tiene vida. No es más que una triste e inocente necesidad insatisfecha de apoyo y nutrición oculta en una cáscara vacía que requiere nuestra fuerza vital para existir.

¿Cómo nos desenganchamos y recuperamos nuestras vidas de la adicción?

Presencia.

Eligiendo estar lo suficientemente despiertos en cada momento como para no caer en un estado de inconsciencia en el que ese dragón hambriento pueda aparecer de improviso.

¿Recuerdas esa casa dentro de nosotros donde crece el moho de la inconsciencia? Cuando entra la luz de la conciencia, el moho no puede sobrevivir. Debido a que la adicción requiere de la inconsciencia para respirar y vivir, no puede sobrevivir cuando tú estás presente. Literalmente no puede sobrevivir, pero tú sí. Puedes sobrevivir, y lo harás.

Al ser consciente de tus acciones y tus necesidades, la vences. Si te permites sentir y liberar tus emociones, lo dominarás. Si sientes que necesitas hablar con alguien y te muestras totalmente abierto y sincero sobre lo que te ocurre, lo dominarás.

El poder de tu presencia transforma todo tu ser en un espacio de conciencia lleno de luz, donde la adicción y el miedo *no pueden* prosperar.

Has tenido suficiente con la adicción cuando ya no tienes miedo de estar aquí y ahora, sin una jaula o distracción que te separe del momento. Cuando te ames y te aprecies tanto que nada ni nadie pueda hacer que te abandones en un momento de crisis. Cuando te comprometes a defenderte como un amigo verdadero e incondicional, todos los días.

LAS SUTILES RECOMPENSAS DE LA VERDADERA FELICIDAD

Solía pensar que la felicidad era algo expresivo, radiante y colorido, como girar en la cima de una montaña con los brazos extendidos. Sin embargo, la felicidad no siempre parece chispas de electricidad ni se revela a través de una sonrisa de oreja a oreja. No siempre es una canción, una risa o un baile celebrado entre amigos. A veces, más que una fiesta o una aventura llena de diversión, solo queremos sentirnos en paz en este momento. En lugar de sentir la necesidad de elevarnos a las alturas y gritar aullidos de emoción, solo queremos echarnos una larga siesta o contemplar tranquilamente el cielo. Solo queremos pasar tiempo a solas, con los ojos cerrados y el rostro libre de cualquier expresión. Para muchos de nosotros, lo que más deseamos es sentirnos bien con nosotros mismos, aquí y ahora, sin tener que hacer, decir o cambiar nada.

Afortunadamente, esta felicidad pacífica y espaciosa es algo que estás diseñado para experimentar. Al igual que la presencia, la honestidad, el amor y las lágrimas, no tienes que contorsionarte para despertarla en tu vida. Sin necesidad de buscarla, puede que incluso descubras que la felicidad empieza a despertarse de forma natural a medida que se liberan los juicios, la ansiedad, el resentimiento y la vergüenza.

En muchos sentidos, la felicidad es tu estado natural. Es lo que sucede de forma natural cuando vuelves a la presencia despertando la confianza genuina, el amor propio y el empoderamiento desde la inconsciencia. En lugar de luchar constantemente y luchar ansiosamente en cada momento, te sientes tranquilo y contento con tu cuerpo, tu vida y contigo mismo.

Estás feliz y agradecido de estar aquí y sabes que perteneces a un lugar. Y no hay nada que nadie pueda decir o hacer para apartarte de ese conocimiento. Ya has pasado suficiente tiempo de tu vida luchando. Ahora, puedes relajarte y ser realmente feliz con quién eres, dónde estás, aquí y ahora.

Y lo que es más, puedes estar agradecido por tu vida. Aunque el dolor y el sufrimiento en tu vida puedan parecer inevitables, la decisión de estar agradecido o no es una elección. Es importante apoyarse en la confianza y recordar que existe una experiencia inmensa, kármica y más elaborada. Como el sol que teje su luz para encender la luna, hay fuerzas mayores y más brillantes trabajando para apoyar todo lo que se muestra como lo que es. Puede que no siempre lo parezca en el momento, pero con el tiempo te darás cuenta de lo afortunado que eres y de lo apoyado que has estado todo el tiempo.

¿Por qué te sientes agradecido?

LA VUELTA A CASA DE LA PRESENCIA

PARA MUCHA GENTE, la *presencia* es la tierra prometida del trabajo espiritual. Es la lejana cima de la montaña que existe en algún lugar del reino de la iluminación y, en muchos sentidos, *estar presente* es el objetivo a través del trabajo del Corazón Empoderado..

Sin embargo, a través de este proceso, imagino que has aprendido algo muy importante: realmente no es tan difícil estar presente.

Una vez que te has enfrentado a tus heridas, has escuchado con valentía los gritos de tu corazón dolido, te has inclinado para descubrir lo que necesitabas y has actuado para satisfacer tus necesidades, te das cuenta de que ya no tienes miedo. Estar satisfecho, quieto y presente no está tan lejos ni fuera de tu alcance como imaginabas. En lugar de ver la presencia como un templo

250 LA GUÍA DEL CORAZÓN EMPODERADO

lejano reservado solo a las criaturas santas, te das cuenta de que es tu *hogar*. Es el lugar al que perteneces. Es el lugar donde puedes ser tú mismo, sin necesidad de cambiar ni hacer nada.

¿Somos menos valiosos y menos humanos cuando estamos presentes? ¿Estamos de repente desnudos y vacíos de propósito cuando nos separamos de nuestros recuerdos? Sin referencias constantes a lo que hemos logrado, a dónde hemos fracasado y a todo lo que tenemos que hacer cada día para sentirnos realizados, ¿renunciamos a nosotros mismos cuando dejamos las historias y volvemos a la presencia?

No. Como la fuerza y la verdadera confianza que nacen cuando dejamos de identificar nuestras experiencias pasadas con lo que somos, cuando nos permitimos estar aquí y ahora, volvemos a reunirnos con nuestro verdadero yo.

Puede que estés familiarizado con el término "despertar de la conciencia", pero la realidad es que después del largo y arduo viaje de la vida que has recorrido para llegar a este momento, estás volviendo a la conciencia. En lugar de despertar, estás volviendo a despertar la conciencia que ya está dentro de ti y dándote permiso para estar aquí mismo en este momento, sin apartarte, distraerte u ocultar tu luz por más tiempo.

Finalmente, te sientes lo suficientemente seguro como para volver a tu verdadero hogar: *el momento presente*, y volver a tu verdadero estado de ser: *la presencia*.

¿Cómo te sientes cuando estás plenamente presente?

UNA INTELIGENCIA MAYOR

ESTA CAPACIDAD DE ESTAR PRESENTE y empoderado en tu corazón es realmente lo más inteligente que puedes ofrecerte a ti mismo. La sociedad te animará a mantenerte ocupado y a seguir luchando por el "éxito" hasta que te jubiles. Intentará convencerte de que es lo correcto, de que es lo *inteligente*. Y mira adónde nos ha llevado eso. La mayoría de nosotros nos sentimos perdidos, ansiosos y hambrientos, en un estado constante de supervivencia. En lugar de sentirnos satisfechos y realizados, nos sentimos desconectados de nuestros cuerpos, nuestras familias y nuestros corazones, lo cual no es *correcto* ni *inteligente*.

Cuando se suman suficientes de nosotros haciendo esto, se obtiene una civilización entera de personas que andan por ahí desconectadas y tratando a la tierra tan mal como nos tratamos a nosotros mismos. Rápidamente, la estamos destruyendo más rápido de lo que podemos recomponerla. Creemos que somos inteligentes, pero no lo somos. Somos como criaturas marinas prehistóricas arrastrándonos en modo supervivencia con chupones de plástico en la boca, agobiados y distraídos por nuestra inconsciencia.

Al hacer este poderoso trabajo de sanar nuestras heridas y potenciar nuestros corazones, salimos del modo de supervivencia. Dejamos de arrastrarnos en un estado de inconsciencia y abrimos los ojos. También despertamos la sensibilidad y la inteligencia necesarias para entrar en niveles superiores de conciencia, comprensión y evolución. Cuando alcanzamos niveles superiores de consciencia, despertamos a nuevas ideas y nuevas formas de pensar, que nos permiten pensar fuera de la caja (jaula) colectiva en la que hemos estado atrapados durante tanto tiempo. Esencialmente, nos despertamos conscientemente, y es lo más inteligente que podemos hacer.

La conciencia es como un océano de inteligencia que nos llena y nos rodea. Es absorbida por nuestro ser y, cada vez que estamos presentes y somos conscientes, evolucionamos más. Empezamos a ver detalles que antes nos pasaban desapercibidos y nos volvemos hiperconscientes del mundo más amplio y expansivo que hay dentro de nosotros y a nuestro alrededor. Y eso es algo que necesitamos. Como especie, necesitamos evolucionar hacia el siguiente nivel de nuestro potencial. Tenemos que darnos cuenta de lo que le estamos haciendo a este planeta y a todas las criaturas que lo habitan. En lugar de consumir, malgastar y criticar sin sentido, tenemos que estar presentes, ser sabios, cuidadosos y conscientes.

Sí, a veces la vida es devastadora y frustrante, pero no tenemos que perdernos en el sufrimiento: tenemos que ser inteligentes. Necesitamos ser listos. Necesitamos expandir nuestra conciencia hacia los confines de la galaxia, despertar soluciones a los problemas creados por nuestro sufrimiento colectivo, y hacer nuestra parte para apoyar la sanación de este planeta enfermo. Esto es lo que los corazones *empoderados* pueden hacer.

LA NUEVA REALIDAD

Por desgracia, muchos de nosotros estamos perdidos y desconectados de nosotros mismos y de nuestros cuerpos, hinchados por un hambre insaciable, con la vista empañada por pastillas, bebidas, pantallas LED y distracciones. Despertar de esto puede ser muy fortalecedor y también muy solitario.

Mientras que antes decías que sí a una invitación para ir de copas, ahora preguntas si alguien está interesado en dar un paseo tranquilo para ver el amanecer. Donde antes estabas rodeado de las centelleantes luces de la estimulación, ahora te conformas con sentarte en silencio. En lugar de tener los puños apretados por la necesidad de tener más cosas, tienes el deseo fluido de reducir el tamaño y el desorden.

Sentado plácidamente bajo el árbol de tu jardín o bebiendo agradablemente un vaso de agua en el bar, puede que no te entiendan. Puede que te cuestionen, te juzguen y te comparen, que te rodeen de dudas y te animen a dudar de ti mismo. Para los que no están preparados para detenerse y bajar el ritmo, puedes parecer tan denso y aburrido como una gran roca. Puedes parecer maleducado *por no jugar a sonreír para complacer* a los demás.

La realidad es que, si no son conscientes del sufrimiento que experimentaste en el pasado, no entenderán lo que has superado ni el tiempo que te ha llevado llegar hasta donde estás. Si no están preparados para hacer el trabajo por sí mismos, pueden sentir un profundo anhelo por la libertad que tú has conseguido, y con ello la envidia, los celos y el resentimiento hacia ti. O puede que su falsa sensación de confianza se vea amenazada por tu verdadera confianza y, por tanto, harán todo lo posible por sentirse más grandes y mejores que tú.

Una sugerencia: ten paciencia. No podemos cambiar a nadie, lo único que podemos hacer es liberarnos a nosotros mismos y confiar en que, algún día, los demás estarán preparados para experimentar su propia versión de la libertad. Recuerda que todo el mundo se esfuerza al máximo y hace todo lo posible por alcanzar la paz interior. Quizá lo hagan de forma destructiva y distrayéndose, pero eso es una conversación entre ellos y la Divinidad.

En lugar de buscar la puerta de la jaula, levántate al lugar de la compasión. Levántate por ellos y levántate por ti mismo. Usa tu poder, sabiduría y coraje para confrontar tus miedos y acceder al amor y comprensión infinitos.

Encuentra la red de intuición y compasión que conecta tu corazón con su corazón, con mi corazón y con todos nuestros corazones, y deja que esa conciencia llene todo tu ser. Y siéntelos. No solo su experiencia de dolor, si no su inocencia, su amor, su vulnerabilidad, su ternura enterrada en lo más profundo de su ser. Incluso si ellos mismos la han perdido de vista, tú puedes encontrarla. Siente una hermandad sincrónica con lo que están experimentando, porque tú has estado ahí. Has bebido del mismo trago de agua envenenada y conoces el dolor ardiente de alguien que no está preparado para liberarse de su sufrimiento.

Puede que te sientas vulnerable al salir de la jaula, pero no estás solo. Te sostienen y apoyan los guías guardianes que han estado velando por ti todo este tiempo, los nobles santos que han visto tus luchas y conmemoran tu devoción al corazón. Durante tanto tiempo, han sido ellos los que te han tendido la mano en silencio mientras luchabas y sufrías, pero ahora puedes tender la mano para ayudar a los demás. En tu devota intención de permanecer presente y abierto, invitas naturalmente a los que sufren a sentarse a tu lado bajo el árbol cuando *estén* preparados.

DESEMPEÑAR UN PAPEL ÚNICO

Todos desempeñamos un papel muy importante en este misterio expansivo del mundo, y cada uno de nosotros desempeña su propio papel único.

Te des cuenta o no, estás aquí por una razón. Todos lo estamos. Cada uno de nosotros está aquí para aprender, absorber y adquirir conocimientos y experiencia vital, y luego cultivar esa sabiduría en lo que ofrecemos al mundo a cambio. Dado que cada uno de nosotros ha pasado por experiencias vitales tan diferentes, lo que cada uno de nosotros tiene que ofrecer será único y diferente de los demás, pero igualmente importante, independientemente de lo brillante que sea nuestro trabajo en comparación con el de los demás.

La realidad es que nadie interpreta el mismo papel que tú. Nadie ha experimentado lo que tú, nadie sabe lo que tú sabes y nadie ha sido dotado de los retos y la sabiduría que tú tienes. Solo tú has vivido tu vida y solo tú puedes hacer lo que haces.

Si alguna parte de ti está intentando encajar para ser aceptado y ser como los demás, te estás arrastrando hacia un espejismo en el desierto y no llegarás allí. Harás, comprarás y dirás todas las cosas correctas, pero para cuando hayas dominado la normalidad, la norma cambiará y tendrás que empezar de nuevo, esculpiendo de nuevo tu vida y tu estilo para imitar lo que ves que hacen los demás.

Por favor, no lo hagas. Ya hay suficientes personas en el mundo que lo hacen. No necesitamos más personas emocionalmente hambrientas e inseguras, preocupadas por encajar y obtener una sensación temporal de autoaceptación siguiendo lo que hacen los demás.

Si realmente quieres entrar en el poder de tu propósito, sé rebelde y sé diferente. Sé tú mismo. Aparta la mirada y el apego del escenario y deja de decirte a ti mismo que no eres nadie porque no estás adornado con un público de atención y admiración. Ten verdadera seguridad y confianza en ti mismo independientemente de lo que hagan o digan los demás.

Date cuenta de que todos los recuerdos vergonzosos de remordimiento que consideraste remordimientos durante tanto tiempo no eran en realidad errores, sino los preciosos y poderosos ingredientes necesarios para cumplir el propósito de tu vida. Reconoce los muchos dones, talentos y habilidades que son exclusivamente tuyos, sin preocuparte por lo que hagan o dejen de hacer por ti, ¡y *compártelos*!

El mundo se encuentra en un momento difícil y necesitamos líderes sanos. Necesitamos personas fuertes, sabias, compasivas y con confianza genuina para estar presentes y poder ayudar a los demás. Cuando alguien esté listo para despertar de su sufrimiento, tú tienes que ser alguien de ejemplo, de quien pueda aprender y con quien pueda sanar. Es hora de que dejes de tener miedo de tu poder y empieces a dar un paso hacia tu propósito.

¿Cuál es el propósito de tu vida? Yo no lo sé, pero tú sí. En algún lugar, escondido detrás de los montones de historias, hay un conocimiento que te susurra cuando estás tumbado en la cama por la noche, mirando al techo en la oscuridad. Te llama, recordándote que estás aquí para hacer de este mundo un lugar mejor.

Apóyate en ella. Escucha esa voz en tu interior y di sí.

Di sí por ti, por mí y por las muchas personas, animales, árboles, abejas y seres que se beneficiarán de que un ser más siga lo que está bien dentro de su corazón. Un ser humano más que elige el amor en lugar del miedo.

¿Qué visión de sueño llama desde tu corazón esperando ser escuchada?
¿Estás dispuesto a escucharla y honrarla?

LO DESCONOCIDO

A VECES, TOMAR LA DECISIÓN DE CREER en ti mismo y dar un paso hacia el poder de tu propósito es como estar al borde de un acantilado, donde tienes que dar un paso adelante con valentía en tu vida, o aferrarte al borde. El borde es lo que conecta la tierra de tu pasado con el misterio expansivo que tienes delante.

Muchos de nosotros nos aferramos y permanecemos en el mismo trabajo, el mismo matrimonio y los mismos hábitos año tras año porque nos intimida fatalmente lo desconocido. *¿Y si acabo solo? ¿Y si nunca me recupero? ¿Y si lo pierdo todo y acabo fracasando?* Saber que nuestras vidas seguirán siendo miserables es de algún modo más seguro y cómodo que no saber lo que nos depara el futuro.

Hacemos esto porque tenemos miedo.

No sabemos qué nos deparará el mañana. No sabemos lo que ocurrirá a años luz. No sabemos cómo será la economía dentro de cinco años. No sabemos qué decidirán hacer nuestros hijos con su futuro. No sabemos si nuestras parejas irán al supermercado y se enamorarán de otra persona. No sabemos cómo afectará la descomposición del plástico al futuro de la Tierra. No sabemos por qué los seres queridos a veces deciden poner fin a sus vidas en lugar de buscar ayuda. No sabemos si nuestro querido perro llegará a viejo o si lo atropellará un auto. No sabemos si llegaremos a viejos o si nos atropellará un auto. Hay tantas cosas que no sabemos, y eso nos asusta.

Sin sentirnos cómodos en este espacio vulnerable y sagrado de lo desconocido, nos inventamos respuestas. Creamos historias y razones y hechos y soluciones y cajas donde empaquetamos y etiquetamos todo para que quepa en estanterías, y entonces vigilamos, controlamos, predecimos, asumimos y lo sabemos todo. Sustituimos todos los signos de interrogación por nudos bien entretejidos, y de algún modo nos sentimos un poco menos incómodos y menos expuestos a ser tocados por el todopoderoso misterio o su amada compañera, la muerte.

La realidad es que vamos a morir.

Esta vida nunca estuvo destinada a durar para siempre y nuestros cuerpos nunca fueron nuestros para conservarlos.

Todos los materiales, minerales y carne utilizados para albergar nuestros espíritus durante este increíble pasaje serán enviados de vuelta al plano terrestre de las lombrices y las cenizas, y seremos transformados. Como libros prestados por la biblioteca personal de Dios, tenemos que devolverlo todo. Como sueños, como canciones, como oraciones entretejidas de nuevo en lo vasto desconocido, un día tendremos que soltar esta vida y volver al campo de la unidad expansiva y de la conciencia, convirtiéndonos de nuevo en seres sin nombre, sin sexo, sin edad, que no saben del pasado ni tienen preocupaciones por el futuro, infinitamente centelleantes dentro de las estrellas y resplandecientes en cada grano de arena.

¿Soy lo suficiente fuerte para esto?

¿Puedo soportar estar tan presente y vivo sabiendo que algún día acabará?

Sí que puedes.

Con valentía, deja los trozos de lona que pensabas usar como paracaídas y abre los brazos con el profundo conocimiento de que no estás solo y de que las cosas que tienes a tu lado no son solo brazos, sino alas.

Entonces, cuando los vientos de la confianza te empujen hacia delante, toma la decisión. *¡LÁNZATE* a la vida!

La totalidad de lo Divino se alzará a tu encuentro en ese acantilado y te dará la bienvenida a la vasta y brillante red del misterio y la vida. Una vida que es mucho mejor que cualquier cosa que pudieras haber imaginado porque allí, empiezas a salir de tu propia historia y a entrar en la experiencia de la vida. El viaje expansivo y brillante que está majestuosamente susurrado y planeado entre tú y la omnipotencia de lo Divino.

La razón por la que naciste.

✵

Recuerda por qué estás aquí...

Estás aquí para continuar el despertar de la conciencia.

Estás aquí para estar vivo y ser los ojos de la creación

para ser testigo de lo que se está creando:

Amor.

Juntos, recordaremos la verdad.

Juntos, transformaremos la noche en día. Juntos,

despertaremos este mundo.

✵

GLOSARIO

Aquí encontrarás términos utilizados en el libro. Aunque la mayoría son definiciones oficiales, algunas son exclusivas del trabajo del Corazón Empoderado.

AMAR: Experimentar una profunda alegría, admiración y respeto; el acto de dar y recibir; comprender y abrazar la compasión y el perdón, practicando también el honor propio y el respeto.

COMPULSIÓN: Impulso irresistible e inconsciente de hacer algo.

CONCIENCIA COLECTIVA: La esencia de la conciencia presente y compartida entre numerosos seres.

CONFORT: Liberación y alivio del dolor o la restricción; recepción de formas constructivas de nutrición y apoyo calmante para experimentar la comodidad en uno mismo.

CONECTAR: Profundizar el sentido de conexión con uno mismo y con los demás para experimentar la sanación necesaria y la comprensión de la totalidad.

CONCIENCIA: La comprensión interna de lo que es moralmente correcto o incorrecto.

CONCIENCIA DEL JUICIO: Presenciar y reconocer conscientemente el acto dañino de juzgar..

CONCIENCIA EMPÁTICA: Comprensión, conciencia y consideración del estado del otro; compasión.

CONFIANZA VERDADERA: El profundo conocimiento de que uno está seguro y puede confiar plenamente en sí mismo; un sentido de empoderamiento y pertenencia que proviene de estar unido con el yo superior, en lugar del ego; una comprensión del yo que deriva del amor.

CORAZÓN: La parte central y más interna de algo; la esencia vital; el espíritu del propio ser.

DEFENSA: El acto de defender lo que necesita protección; el estado de agresión y protección exterior encarnado para salvaguardar el corazón herido.

DESENSIBILIZADO: Volverse menos sensible; dejar de sentir.

DISCERNIMIENTO: Percepción en ausencia de juicio con vistas a obtener dirección y comprensión espirituales.

DOLOR: La experiencia de angustia y malestar causada por una herida; los sentimientos de incomodidad, tristeza, inseguridad y dolor resultantes de estar herido.

EGO: La parte de la mente que media entre el consciente y el inconsciente y es responsable de un sentido de identidad personal; la percepción del yo que se desarrolla a través de la desconexión del verdadero yo sin forma interior.

EMOCIONES: Un estado complejo de sentimiento que da lugar a cambios físicos y psicológicos que influyen en el pensamiento y el comportamiento (los sentimientos son lo mismo, aunque con conciencia del que se siente).

EMPODERAR: Potenciar el verdadero yo superando el dolor, el miedo y el sufrimiento; elegir el amor; el auténtico y verdadero yo que emerge cuando se ha calmado el dolor y se han satisfecho las necesidades.

FALSA CONFIANZA: Una sensación temporal e insincera de poder y seguridad basada en el ego; una concepción del yo derivada de la inseguridad y el miedo.

INTUICIÓN: La capacidad natural y visceral del corazón para escuchar, sentir y percibir; el sistema de brújula interna que opera desde el sentimiento más que desde el pensamiento.

LIBERACIÓN: La acción o el proceso de liberar o ser liberado; la capacidad de emitir sentimientos y energías desde el interior.

LUZ LIMPIADORA DE CONCIENCIA: El cambio transformacional que ocurre cuando la conciencia se infunde en las áreas mentales y emocionales de inconsciencia dentro de un ser.

NECESIDAD: El estado de requerir apoyo, seguridad y sanación; el anhelo de sanar, calmar y aliviar el dolor resultante de una lesión.

NEUTRALIDAD IMPARCIAL: La capacidad de permanecer centrado y neutral sin tomar partido ni identificarse personalmente con opiniones o puntos de vista específicos.

OBSERVAR: Adquirir conocimiento y comprensión a través de la observación; ser testigo claro y honesto de la realidad de una situación.

PERCATACIÓN: El estado de estar presente y despierto; consciente de uno mismo internamente y del entorno externo.

PRESENCIA: El estado de estar plenamente presente y consciente.

PROTECCIÓN: La experiencia de sentirse resguardado y protegido; el intento de cuidar de uno mismo desconectándose de las sensaciones de dolor cuando no se satisfacen las necesidades de alivio y sanación.

PERCATARSE: Tomar plena conciencia de algo; la experiencia de comprender algo previamente desconocido.

SENTIR: La capacidad de experimentar una emoción o sensación; el acto de sensibilizarse.

SUBCONSCIENTE: Nivel de conciencia que no es ni plenamente consciente ni inconsciente; la habitación oculta entre la conciencia y la inconsciencia.

SUFRIR: Experimentar dolor, tristeza y pérdida continuos; sentirse atrapado o perdido; el dolor resultante de sentirse desconectado del corazón, del cuerpo y/o del entorno circundante.

VERGÜENZA: Sentimiento doloroso de humillación o angustia causado por la percepción de un comportamiento incorrecto o insensato.

VERGÜENZA POSTERIOR: Los sentimientos de vergüenza, humillación y arrepentimiento que acompañan a ser honesto y abierto sobre asuntos íntimos y sinceros.

YO SUPERIOR: El aspecto del yo que está directamente conectado con la comprensión de la conciencia divina.

GRACIAS

Gracias a Ameesha Green, Erica Ekrem, Nirmala Nataraj, Masha Pimas, Lisa Vanacore, Shaun Hand, Victor Solano, Kyle Albuquerque, Niall Burgess, Ernesto Prieto, Felicity Harrison, Shelby Jones, Mohammed Fadel Zalabia, Kelly Notaras, Bridget Law y Barb Pollard. Estoy muy agradecida por cada uno de ustedes. ¡Qué equipo tan profundo de editores y artistas de corazón son! Cada uno de ustedes ha contribuido enormemente a que esta obra vea la luz.

Gracias a mi querida familia: Kurt, Becca, Mom, Papa, Shyam, Paul, Sam, Dove, Bella, Bisou, Rama, Angelos, Kika, Daadi, Chuchi, Riri, Rosie, Cuauhtli, Toadi, Mia, Mirra, Ceniza, y Matisse.

Gracias a Paul Hawken y a los muchos amigos, colegas, clientes, facilitadores de Corazón Empoderado y seres que han apoyado, ayudado y animado a que este trabajo llegue a quienes lo necesitan.

Y gracias a *ti*, lector. Cada momento que has dedicado valiente y cuidadosamente a tu propia sanación, has ayudado a la sanación de este mundo. Eres muy poderoso, y espero que lo sepas. Aunque tu tiempo, tu energía y tu trabajo no siempre se vean o se reconozcan, se sienten.

Gracias.
Los quiero.

AUTORA

Katie Gray Gray es escritora, cantante, consejera y cuidadora de ancianos, dedicada a ayudar a las personas que sufren. Inspirada y motivada por su propia recuperación tras 17 años de adicción a la comida y bulimia, utiliza su voz, experiencia y sabiduría para ayudar a otros en el proceso de sanación.

Para saber más sobre Katie Gray, visita: www.katiegray.com

Para explorar los cursos, talleres, eventos en directo y la suscripción a la comunidad en línea que se ofrecen a través de El Corazón Empoderado, visita www.theempoweredheart.love

www.ingramcontent.com/pod-product-compliance
Lightning Source LLC
Chambersburg PA
CBHW051723040426
42447CB00008B/940